Christel Mas, 29 Jahre, schreibt für verschiedene Zeitschriften übers Kochen, Essen, Trinken und Genießen. Am liebsten kocht sie für Freunde, die sich vorurteilsfrei an den Tisch setzen und überraschen lassen. Das dankbarste Testobjekt für neue Rezepte ist ihr Lebensgefährte, Küchen- und Hausfreund:

Axel Martin, 33 Jahre. Er präsentierte seinen für Vorgesetzte unerfreulichen Humor in dem unsportlichen Buch »Bürobic – Sie regt's an, den Chef regt's auf« (Knaur-Taschenbuch 2116). Da seine Lebenseinstellung, »rundum glücklich« zu sein, auch figürlich auf ihn zutrifft, hält er sich häufig in der Küche auf. Er bezeichnet sich als »Feinfresser« – und so schreibt er auch …

D1669955

Von Axel Martin (zusammen mit Erik Liebermann) ist ebenfalls in der Knaur-Taschenbuchreihe *Humor* erschienen:

»Bürobic – Sie regt's an, den Chef regt's auf« (Band 2116)

Originalausgabe
© Droemersche Verlagsanstalt Th. Knaur Nachf. München 1984
Umschlaggestaltung H & M Höpfner-Thoma
Satz Appl, Wemding
Reproduktionen Krammer, Linz
Druck Appl, Wemding
Bindung Sellier, Freising
Printed in Germany · 1 · 10 · 984
ISBN 3-426-02131-5

1. Auflage

Axel Martin/Christel Mas:
Küchen-Küßchen

Das Kochbuch für zwei, die sich lieben

Mit Fotos von Cliff Serna
und Illustrationen von Margret Hiedl

ISBN 3-426-02131-5   1280

*Für alle, für die Essen
die zweitschönste Sache der Welt ist*

Inhalt

Wir teilen uns nicht nur das Vorwort ...

... sondern auch alle sonstigen Freuden des Zusammenlebens. Dazu gehört das Aufstehen (»Du bist heute dran, den Frühstückstisch zu decken!« – »So, dann beginne ich lieber mit meiner Diät«); der Hausputz (»Laß uns überall Zwanzig-Watt-Birnen einschrauben, dann sieht man den Staub nicht so leicht«); und das Essen. Wir lieben es, in trauter Zweisamkeit zu speisen. Und wie die meisten Berufstätigen, kommen wir dazu nur an den Wochenenden. Dann verwöhnen wir uns aber auch gegenseitig nach allen Regeln der Liebes- und Kochkunst. Denn wer fünf Arbeitstage lang mit Kantinenmahlzeiten und Schnell-Imbissen im wahrsten Sinne des Wortes abgespeist wurde, sehnt sich irgendwann nach einem guten Essen in schöner Atmosphäre – zu zweit.

Und darum geht es in diesem Buch. Hier finden Sie Rezepte und Anregungen für jeweils zwei Personen, die auch Ungeübte nachkochen können. Das haben wir intensiv getestet. Als wir uns kennenlernten, war Axel nur fähig, Brote zu schmieren. Während Christel seit Jahren beruflich kochte und experimentierte. Doch wurden in dieses Buch nur Rezepte aufgenommen, die der Küchen-Laie Axel selbst nachkochen konnte. Über seine verzweifelt-komischen Bemühungen werden Sie einiges im Buch lesen. Und auch über die Grundbedingungen, die für den Erfolg in der Küche (und im Schlafzimmer) entscheidend sind: Zeit, Geduld, Neugier, Phantasie und Liebe.

Dieses Buch möchte für alle Liebenden in jeder Hinsicht appetit-anregend sein ...

Das Kochen für zwei ...

ist für mich immer dann ein Vergnügen, wenn mein »bekochter« Partner es anschließend auch zu würdigen weiß. Denn gutes Kochen bedeutet auch häufig viel Arbeit. Daran sollten Sie immer denken, wenn Sie ein Essen planen. In diesem Buch finden Sie, von ganz wenigen Ausnahmen abgesehen, nur unkomplizierte Rezepte, die auch Leute nachmachen können, die selten am Herd stehen. Die Voraussetzungen, daß Ihnen die Speisen gelingen, sind aber:

1. ausreichend Zeit, die Zutaten in Ruhe auswählen und einkaufen zu können

2. und Bescheidenheit bei der Zusammenstellung von Menüs. Kombinieren Sie nichts, was Sie die ganze Zeit in der Küche festhält.

Denn ein erschöpfter und verschwitzter Koch (Köchin), der sich erst zum Dessert in den Stuhl plumpsen läßt, lädt nicht gerade zum zärtlichen Nach-Tisch ein. Wir haben einige Vor-, Haupt- und Nachspeisen aufgenommen, die sich zum Teil sogar einen Tag vorher zubereiten lassen. Sie sind auch dementsprechend gekennzeichnet.

Allerdings verzichteten wir darauf, sie mit Kalorienangaben zu versehen. Da wir der Meinung sind, daß man bei einem verführerischen Essen nicht ausgerechnet daran denken muß. Wer Gewichtsprobleme hat, sollte während der Woche einen Diättag einlegen und lieber das Essen zu zweit genießen.

Das Buch selbst ist sehr locker nach Vor-, Haupt- und Nachspeisen gegliedert. Wer die Freude am Kochen und Essen entdekken will, sollte sich nur nach dem richten, was die jeweilige Saison auf den Märkten in bester Qualität anbietet. Manchmal ist das etwas teurer als im Supermarkt, aber es lohnt sich. Das werden Sie am leichtesten feststellen, wenn Sie mal eine tiefgefrorene alte Ente zwischen den Zähnen hatten und kurz danach eine frisch geschlachtete. Den Unterschied schmeckt auch jeder Laie sofort heraus.

Tiefkühlkost findet bei mir nur Verwendung, wenn es um Gemüse geht, das zum Zeitpunkt nicht frisch erhältlich ist, an dem ich

gerade Appetit darauf habe. Das sind in der Regel Erbsen, die tiefgefroren qualitativ oft besser sind, als das, was frisch angeboten wird. Dosengemüse nehme ich nur im Notfall – wenn ich keine frischen Bambussprossen oder Pfifferlinge bekomme. Konservenbüchsenobst vermeide ich ebenfalls, soweit es geht.

Das Kochen lernen ist nicht schwer, wie Sie bald merken werden. Schwierig ist nur eines: Man muß lernen, auch Kritik zu vertragen. Gerade wenn man etwas Neues ausprobiert, gibt es immer wieder den Satz zu hören: »Das kenne ich aber eigentlich ganz anders.« Oder, noch viel schlimmer: »Bei meiner Mutter war das aber so und so ...« Lassen Sie das Mordmesser in der Schublade, trinken Sie gemeinsam einen Aperitif und ergründen Sie im Gespräch, welche Lieblingsspeisen der Vergangenheit Sie in Zukunft vermeiden sollten. Es gibt noch genügend andere Rezepte.

Darüber werden Sie aber von meinem Axel noch Tips bekommen, der in den vier Jahren unseres Zusammenlebens wortwörtlich einiges zu schlucken hatte.

Es stimmt schon – die Liebe geht durch den Magen. Und wenn es beiden geschmeckt hat, ist das nur der vielversprechende Anfang eines schönen Abends ...

Sim-Salat-Bim (Axel) oder **Axels Salat-Taktik**

Den ersten Abend, an dem ich von Christel bekocht wurde, werde ich nie vergessen. Ich saß in ihrem kleinen Appartement, nippte an meinem Weinglas, raspelte mit der am Herd stehenden Schönheit (Gottseidank vergessenes, unsägliches) Süßholz und erwartete den ersten Gang des Diners.

Er kam in Form eines großen Tellers voller Grünzeug. Salat – es gab lange, kurze, helle und dunkle Blätter. Aber es war nichts anderes als Salat.

Was hatte mir jene Bekannte, auf deren Party ich Christel kennenlernte, nicht alles für Wunderdinge erzählt: »Die ist eine Professionelle!«

»Waaas? So sieht sie aber wirklich nicht aus.«

»Ja, eine, die beruflich kocht und übers Essen schreibt. Die geht nicht nur auf Spesen in edle Lokale, die kocht auch selbst ganz toll.«

Um das gleich klarzustellen – ich machte mich an sie als Persönlichkeit ran. Wenn sie kochen konnte, hätte ich auch nichts dagegen, sagte ich mir immer wieder. Und dann zur Premiere grünen Salat!

Mit einem strahlenden Lächeln stellte sie Salzfaß, Pfeffermühle und zwei Flaschen mit Essig und Öl in die Mitte und sprach: »Der Salat ist zwar schon leicht angemacht, aber vielleicht möchtest du ihn etwas nachwürzen?«

»Wäre es möglich, daß ich etwas Zucker haben könnte?« Sie halbierte das Lächeln: »Ernsthaft? Naja, die Geschmäcker sind eben verschieden.«

Sie reichte mir eine Zuckerdose und ich bearbeitete mit deren Inhalt meinen grünen Salat so, wie ich es bereits seit meiner Kindheit halte – weiße Bergspitzen und grüne Täler. Schon nach dem ersten Bissen vernahm ich aus meinem eigenen Munde das vertraute Geräusch von vor Zucker knirschenden Zähnen.

Das wurde in Kau-Pausen verstärkt durch Christels knirschende Zähne. Drei Bissen ertrug sie schweigend, dann zischte sie:

»Hast du nicht bei unserem allerersten Gespräch behauptet, ein Feinschmecker zu sein?«

»Das bin ich doch. Mir schmeckt's hervorragend.«

»Mit diesem Zuckerberg?« fragte sie mit hoher Stimme.

»Ich esse Salat immer so. Weißt du, meine Mutter war ein Diätapostel und richtete Salat nur mit irgendeinem Essig und Salz an. Öl hatte ihr zuviel Kalorien. Also habe ich immer einen Haufen Zucker drübergetan. Das mache ich auch in Restaurants so.«

»Hat denn noch kein Koch versucht, dich daraufhin umzubringen?«

Es war nicht der vor mir liegende Eissalat, sondern ihr Gesichtsausdruck, der mir verständlich machte, daß ich mich auf ziemlichem Glatteis bewegte. Ich gab mich zerknirscht und bat um Verständnis und Vergebung: »Ich kenne mich in den Feinheiten der Kochkunst nicht genügend aus. Und als ich die Flasche mit dem alten Essig sah, bekam ich so einen Schreck, daß ich mehr Zucker als sonst auf den Salat streuselte.«

Sie seufzte: »Das ist ein zwanzig Jahre alter und deswegen besonders teurer Balsamessig, du Banause. Und ein Olivenöl, das ich mir extra aus Italien mitgebracht habe. So was Gutes gibt's bei uns nicht.«

Es war der Moment einer für mich zukunftsweisenden Entscheidung: Sollte ich weiterhin süßen Salat essen, aber alleine, oder sauren Salat, aber dafür mit einem süßen Mädchen?

Christel erleichterte mir den Entschluß. Es gab danach Seezungenröllchen in Orangensoße und Bayrische Creme mit Erdbeeren. Hervorragend war auch ihre Geduld, mit der sie mich im Laufe der Zeit mit den einfachen Regeln guter Salatzubereitung vertraut machte. Inzwischen beherrsche ich es einigermaßen. Nur hin und wieder überkommen mich kleine Rückfälle. Dann kaufe ich Feldsalat, übergieße ihn mit leicht geschlagener süßer Sahne, streusel Zucker darüber und serviere ihn uns beiden – aber als Dessert. So kam ich bei ihr zu meinem Spitznamen: Marquis de Salade.

Salate fürs ganze Jahr

Mit Salaten könnte ich allein schon ein Buch füllen. Denn es gibt das ganze Jahr Salat- und Gemüsesorten, die während bestimmter Monate frisch auf den Markt kommen. Wer sich an einige grundsätzliche Regeln hält, kann sich seine Salat- und Saucen-Mischungen mit eigener Phantasie immer wieder neu zusammenstellen.

In diesem Kapitel finden sich Salate als Vor- und Hauptspeisen. In wärmeren Jahreszeiten ist ein frisch angerichteter Salat in jeder Hinsicht eine verführerische Mahlzeit. Dazu braucht man nur noch frisches Baguette (Stangenweißbrot), einen Wein oder ein kühles Bier.

Beachten müssen Sie vorher nur ein paar Dinge. Für den Wohlgeschmack ist entscheidend, daß man die Zutaten so frisch wie möglich kauft und auch verbraucht. Denn ohne den knackigen Biß wird Salat zur Kantinenkost. Wenn es sich (zum Beispiel wegen Feiertagen) nicht vermeiden läßt, dann säubern und waschen Sie den Salat und legen ihn in einem angefeuchteten Küchentuch ins Gemüsefach des Kühlschranks.

Den Pfiff erhalten viele Salate durch Kräuter. Wenn Sie keine frischen kaufen können, dann lassen Sie sie lieber weg. Statt schlaff schmeckender Trockenkräuter verwenden Sie lieber mehr Zitrone oder Essig.

Um den Salat gut vermengen zu können, brauchen Sie eine große Schüssel. Woraus diese hergestellt ist, ist egal, groß muß sie sein.

Zum Würzen sollten Sie vorrätig haben: ein Olivenöl (möglichst ein italienisches »Olio extra vergine« oder ein französisches »Huile vierge extra«). Die sind zwar nicht ganz billig. Aber sie halten sich lange, schmecken hervorragend, und dies ist ja auch kein Kochbuch für achtköpfige Familien, die sparen müssen.

Zum Vorrat gehören drei Essigsorten, die man sich nach und nach anschaffen kann, um geschmackliche Abwechslung in die Salatschüssel zu bringen. Ein Rotwein-, ein Weißwein- und ein Apfelessig. Für bestimmte Salat-Kombinationen nehme ich auch noch Sherryessig, mit dem sich auch anderes zubereiten läßt. Pfeffer schmeckt am besten, wenn er frisch aus einer Pfeffermühle gedreht ans Essen kommt.

Blattsalate wäscht man gründlich in kaltem Wasser und schleudert sie dann in einem Sieb trocken. Die meisten Gemüsesorten lassen sich roh zu Salat verarbeiten. Man putzt sie gründlich, wäscht und zerkleinert sie. Je nach Sorte schneidet man daraus Scheiben, Ringe, Streifen oder raspelt sie.

Die Salatsoßen sollten so zubereitet werden, daß ihre Zutaten genügend Zeit haben, ihr Aroma voll zu entfalten. Das heißt, sie sollten mindestens fünf Minuten vor dem Servieren fertig sein.

Speziell bei Blattsalaten bin ich allerdings eine Anhängerin einer sehr einfachen Methode. Ich serviere die geschleuderten Blätter in der großen Schüssel, vermenge sie mit frischen Kräutern und lasse jeden seinen Salat auf dem eigenen Teller selbst anmachen. Ich stelle Essig, Öl und Gewürze in die Tischmitte. Dann vermenge ich Essig und Salz, gebe es über die Blätter, und dann wird das Ganze mit dem Öl vermischt. Diese Salate sind bei mir aber immer nur schnelle Vorspeisen.

Bei Salaten als Hauptspeise gebe ich mir schon etwas mehr Mühe. Zum Beispiel bei dem »Gurkenschiff« (siehe Foto Seite 21), das man das ganze Jahr zubereiten kann, indem man die aktuellen Gemüse der Saison verwendet. In diesem Fall war ich auf die meist etwas schlaff schmeckenden holländischen Salatgurken angewiesen. Aber im Spätsommer gibt es frische Freilandgurken – und die gehören zum feinsten Gemüse für dieses Rezept.

Die folgenden Rezepte zeigen Ihnen hoffentlich, daß Salat nicht einfach Grünzeug ist, das man aus Gesundheitsgründen zu schlucken hat. Es sind Beispiele, wie man durch unterschiedliche Kombinationen – auch süße – das ganze Jahr über frische Delikatessen auf den Tisch bringen kann. Gerade wer in Küchendingen noch nicht viel Erfahrung hat, kann damit leicht Ehre einlegen. Außerdem – Salate sättigen auf eine Weise, die den/die Partner/Partnerin nicht an anschließender Aktivität hindern. Da kenne ich mich aus – deswegen gibt's bei uns nur einmal im Jahr Gänsebraten ...

Gurkenschiff

(siehe Foto Seite 21)

Zutaten für zwei Personen:
1 Salatgurke
1 Radicchio im Winter oder
1 Kopfsalat im Sommer
1 Bund Radieschen
1 rote Paprika
Saft einer Zitrone
1 Bund Schnittlauch oder Dill
Salz, Pfeffer

Zubereitung:
Die Gurke gründlich mehrmals abwaschen, abtrocknen und längs halbieren. Die Kerne mit dem Löffel herauskratzen, eine Gurkenhälfte leicht salzen. Die andere Hälfte schälen und in Würfel schneiden. Die Würfel in eine Schüssel geben. Die Paprika waschen und ebenfalls würfeln. Die Radieschen in Scheiben schneiden und mit dem anderen Gemüse vermengen. Mit dem Zitronensaft beträufeln. Den Radicchio waschen, trockenschleudern und in kleinere Blätter zerreißen.
Die gesalzene Gurkenhälfte hat in der Zwischenzeit Wasser gezogen – dieses abgießen und die Gurke in der Mitte durchschneiden. Die Hälften je auf einem Teller anordnen. Darauf erst die Salatblätter legen und diese mit den Gemüsewürfeln bestreuen. Zum Schluß die Kräuter darauf verteilen. Salz und Pfeffer sollte sich jeder selbst daran tun – frischer Salat auf diese Art schmeckt vielen Menschen auch so. Mit Brot und Butter ist das eine herrliche leichte Mahlzeit.

Mozzarella-Tomaten

(kann man vorbereiten)

Zutaten:
4 große sizilianische Tomaten (keine schlaffen holländischen!),
2 frische (flüssig eingelegte) Mozzarella-Käse à 200 g,
Salz, Pfeffer aus der Mühle,
5 Eßlöffel Olivenöl (wenn es geht Olio vèrgine),
1 Bund frisches Basilikum

Zubereitung:
Die Tomaten in Scheiben schneiden und auf Tellern anordnen. Den Käse in Scheiben darüberlegen, salzen, pfeffern. Direkt vorm Servieren mit dem Öl beträufeln und mit den kleingezupften Basilikumblättern bestreuen. Mit frischem Weißbrot servieren. Dazu schmecken italienische Weine am besten.

Ein Salat vermittelt der Zunge besonders das Gefühl knackiger Frische – der Name verrät's schon: Krachsalat aus Italien, der bei uns als Eisbergsalat gezüchtet und verkauft wird. Die Italiener mischen ihn mit Trauben:

Eisbergsalat
(kann man vorbereiten)

Zutaten:
1 Pfund Weintrauben,
1 Kopf Eisbergsalat,
4 Eßlöffel Zitronensaft,
Salz, 1 Eßlöffel Zucker,
4 Eßlöffel Olivenöl,
100 g Gorgonzola,
1 Schale Kresse

Zubereitung:
Weintrauben halbieren und die Kerne entfernen. Den Salat grob zerpflücken, waschen und gut abtropfen lassen. Aus Zitronensaft, Salz, Zucker und dem Olivenöl eine Soße mixen, unter den Salat und die Trauben mischen. Den Gorgonzola grob würfeln und daruntermengen. Direkt vor dem Servieren mit der frisch gezupften Kresse bestreuen. Gerade Käse eignet sich besonders gut für Salat-Kombinationen, solche Mischungen sind allerdings für eine Vorspeise oft zu schwer.

Beim Füllen von Avocados sind der Phantasie keine Grenzen gesetzt. Vom Hühner- bis zum Eiersalat – es gibt vieles, was sich geschmacklich kombinieren läßt. Probieren Sie es einfach aus. Zum Beispiel: Käse

Roquefort-Avocados
(kann man vorbereiten)

Zutaten:
50 g Roquefort,
50 g Doppelrahm-Frischkäse,
3 Eßlöffel süße Sahne,
1 Teelöffel Dijon-Senf,
1 Teelöffel Zitronensaft,
20 g gehackte Walnußkerne,
2 Avocados,
20 g halbe Walnußkerne

Zubereitung:
Roquefort zerkrümeln, mit Frischkäse, Sahne, Senf und Zitronensaft zu einer festen Masse verrühren. Dann die gehackten Nüsse daruntergeben. Die Avocados halbieren, entkernen und die Frucht mit etwas Zitronensaft beträufeln. Die Käsecreme in die Avocadohälften füllen und mit den großen Walnußstücken dekorieren. Möglichst noch eine halbe Stunde vor dem Servieren in den Kühlschrank stellen.

Gurkenschiff, Rezept Seite 19

Am intensivsten erleben Sie den feinen Eigengeschmack der Avocados, wenn Sie daraus einen Salat herstellen; deshalb hier noch eine Variante.

Avocado-Salatteller

Zutaten:
2 (milde) weiße Zwiebeln,
2 Tomaten,
6 frische Champignons,
12 Scheiben Salatgurke,
2 Avocados,
2 Eßlöffel Nußöl,
2 Eßlöffel Reisessig (oder ein anderer feiner, nicht vorschmeckender, wie Obstessig)
Salz, schwarzer Pfeffer

Zubereitung:
Alle Zutaten, bis auf die Avocados, klein würfeln und mit Öl, Essig, Salz und Pfeffer abschmecken. Jetzt die Avocados entkernen, häuten und in feine Scheiben schneiden. Diese auf zwei großen Vorspeisentellern verteilen und die Soße darübergeben. Sie müssen diesen Salat allerdings gleich nach der Zubereitung servieren. Er ist ohne Zitronensaft angerichtet und wird schnell unansehnlich. Sehr delikat schmeckt zu diesem Salat leicht angeröstetes Graubrot.

Avocadosalat

Zutaten für zwei bis vier Personen:
4 große Salatblätter,
3 Eßlöffel Olivenöl,
1 Eßlöffel Rotweinessig,
1 Messerspitze Salz,
1 Messerspitze gemahlener schwarzer Pfeffer,
3 Eßlöffel Kerbel,
2 Avocados

Zubereitung:
Salatblätter waschen und mit Kreppapier trocknen. Auf vier Vorspeisentellern verteilen. Öl und Essig mit dem Schneebesen verquirlen, mit Salz und Pfeffer würzen und den feingewiegten Kerbel hinzugeben. Die Avocados längs halbieren, dabei die Kerne entfernen. Jede Hälfte in ca. drei Millimeter dicke Scheiben schneiden und in der ursprünglichen Form auf einem Salatblatt anrichten.
Sofort mit der Soße übergießen und noch mit kleinen Kerbelsträußchen dekorativ anrichten. Den Salat mit knusprigem Stangenweißbrot oder Toast servieren.
Auch hier ist das Tempo der Zubereitung leider für die Qualität und den Geschmack entscheidend, da man keine Zitrone verwenden darf.

Käse-Birnen-Salat

(kann man vorbereiten)

Zutaten:
250 g Birnen (nicht zu fest),
100 g Gouda-Käse,
100 g Mortadella,
2 hartgekochte Eier,
Saft einer Zitrone,
8 Eßlöffel Crème fraîche,
1 Messerspitze Paprika süß,
1 Prise Cayennepfeffer

Zubereitung:
Die Birnen schälen, entkernen und in feine Scheiben schneiden. Den Gouda und die Mortadella fein würfeln. Die Eier kleinhacken und alle Zutaten vorsichtig miteinander vermischen, ohne sie zu zerdrükken.
Zitronensaft, Crème fraîche, Paprika und Cayennepfeffer zu einer Soße verrühren und über den Salat gießen. Vor dem Servieren noch eine halbe Stunde kühl stellen.

Das einzig Gute an den Hähnchenbratereien, die es an jeder Straßenecke gibt, ist, daß man aus diesem 08/15-Geflügel sehr schnell einen Salat herstellen kann. Kaufen Sie mal ein halbes, und machen Sie diesen:

Hühnersalat

Zutaten:
½ Hähnchen,
1 Kopfsalat,
2 Bananen,
2 Äpfel,
Saft von 1 Zitrone,
1 Eigelb,
2 Eßlöffel Dijon-Senf,
4 Eßlöffel Olivenöl,
10 Walnüsse,
Salz, Pfeffer

Zubereitung:
Das Geflügelfleisch von den Knochen lösen, enthäuten und in Würfel schneiden. Den Salat putzen, waschen und trockenschleudern. Zwei große Blätter aufheben, den Rest in Streifen schneiden, die Äpfel schälen, entkernen und würfeln, die Bananen in Scheiben schneiden. Das Obst mit Zitrone begießen. Eigelb, Senf, Salz und Pfeffer zu einer Soße verrühren. Die Nüsse grob zerkleinern. Fleisch, Nüsse, Obst und Salatstreifen mischen, auf den großen Blättern anrichten und die Sauce darübergießen. Eine aparte Abwandlung ergibt sich, wenn Sie anstelle der Äpfel Williams-Birnen, und anstatt der Bananen enthäutete Orangen, in Würfel geschnitten, verwenden.

Radieschen & Co.
(kann man vorbereiten)

Zutaten:
200 g Möhren,
2 Bund Radieschen,
3 feste Bananen,
Saft von 1 Zitrone,
Zucker (nach Belieben),
Salz, Pfeffer aus der Mühle

Zubereitung:
Möhren waschen und fein raspeln, die Radieschen ebenfalls. Die Bananen schälen und in nicht zu dicke Scheiben schneiden. Zitronensaft (Zucker), Salz und Pfeffer daruntermischen und mindestens eine Stunde durchziehen lassen. Man kann diesen Salat mit mehr Zitronensaft und ohne Zucker als Vorspeise essen. Oder gesüßt als Dessert – er schmeckt immer erfrischend.

Obstsalat
(kann man vorbereiten)

Zutaten:
4 Scheiben Ananas
2 Bananen,
2 Kiwis,
200 g Frischkäse,
⅛ l Milch,
1 kleines Glas Cointreau,
40 g Pinienkerne,
4 Scheiben Pumpernickel

Zubereitung:
Die Ananas in kleine Würfel schneiden, die Bananen und die Kiwis in Scheiben. Alles Obst in Portionsschalen dekorativ einschichten. Im Mixer den Käse mit der Milch zu einer zähflüssigen Masse rühren und den Cointreau dazugeben. Mit einem Löffel die Pinienkerne in die Creme geben. Diese wird vorsichtig über das Obst verteilt. Das Brot wird kleingeschnitten und kommt – hineingesteckt wie Eiswaffeln – auf die Creme. Man löffelt bei diesem Salat immer Brot, Creme und Obst zusammen aus der Schale.
Dieser Salat läßt sich aber auch so abwandeln, daß er völlig andere Geschmacksrichtungen ergibt. Wenn man die Ananasscheiben wegläßt, und stattdessen 100 Gramm Shrimps oder Krabben nimmt. Oder 100 Gramm gewürfelten gekochten Schinken. Ebenso fein schmeckt er mit kleingewürfeltem vorgekochtem Rind- oder Kalbsfilet. Bei allen diesen Varianten müssen Sie allerdings die Käsecreme noch etwas mit Cayenne- oder weißem Pfeffer würzen.

Suppen – die ideale Vor-, Haupt- oder Zwischenmahlzeit

Eine Suppe als Vor- oder Hauptgang eines verführerischen Menüs bietet sich fast immer an, da sie sich nach den meisten Rezepten lange vorher zubereiten läßt. Es ist wichtiger, auf die Qualität der Suppeneinlagen zu achten, als auf die der Brühe. Damit meine ich, daß man auch schlichte Bouillon-Würfel als Basis verwenden kann, wenn man es eilig hat. Allerdings, wenn man sich eine echte Fleischbrühe herstellt, erreicht man den optimalen Geschmack. In diesem Fall benötigen Sie mehr Zeit und einen mindestens vier Liter fassenden Topf. Denn Sie müssen die Brühe einen Tag vorher zubereiten. Erstens ist sie dann besser, und zweitens ist bis dahin der intensive Küchenduft wieder abgezogen. Kochen Sie ruhig mehr, als Sie brauchen, und bewahren Sie die Reste im Drei-Sterne-Fach des Kühlschranks auf.

Fleischbrühe

Zutaten:
250 g Fleischknochen,
2 Markknochen,
500 g Rindfleisch (Brust oder Bein),
1 Ochsenschwanz (oder ein Schinkenknochen),
1 Zwiebel,
1 Stange Lauch,
1 große Möhre,
1 Petersilienwurzel,
100 g Sellerie,
10 Pfefferkörner,
1 Zweig Thymian (oder ½ Teelöffel getrockneter),
1 Knoblauchzehe,
Salz (bei Bedarf, aber erst am Schluß)

Zubereitung:
Knochen und Fleisch mit zwei Liter kaltem Wasser aufsetzen und einmal kurz aufkochen lassen. Die Temperatur auf kleinste Flamme herunterschalten und die Brühe während der gesamten Kochzeit – mindestens drei Stunden – ohne Deckel sanft wallen lassen. Das heißt, auf kleinster Hitze. Die Zwiebel halbieren, den Lauch in Ringe schnei-

den, Möhre, Petersilienwurzel und Sellerie würfeln, die Knoblauchzehe halbieren und alles, zusammen mit den Pfefferkörnern und dem Thymian, erst während der letzten 60 Kochminuten dazugeben. Wenn Ihnen die Stromkosten egal sind, können Sie die Brühe auch zwölf Stunden kochen. Dann dürfen Sie aber nur das Fleisch und keine Knochen kochen, da diese bei zu langer Kochzeit leimig werden. Außerdem muß der Deckel auf den Topf, aber der Schaum wird nicht abgeschöpft. Bei beiden Kochmethoden müssen Sie am Ende der Kochzeit die Brühe durch ein Sieb seihen und dann erkalten lassen. Dann läßt sich das festgewordene Fett leicht entfernen.

Soll es eine besonders feine Suppe werden, dann müssen Sie die kalte, entfettete Brühe mit verquirltem Eiweiß (ein Ei pro Liter Flüssigkeit) unter Rühren langsam aufkochen und zehn Minuten ziehen lassen. Das Eiweiß saugt alle feinen Teilchen auf und steigt dann als grauer Schaum an die Oberfläche, den Sie einfach abschöpfen.

Jetzt haben Sie die perfekte Basis für alle folgenden Rezepte.

Es gibt natürlich auch Möglichkeiten, eine Suppe auf die schnelle zu veredeln. Sie können zum Beispiel der kochenden Brühe zwei Löffel Tomatenmark zufügen und beim Anrichten auf jeden Teller zwei hartgekochte, durch ein grobes Sieb gestrichene Eigelb streuen. Oder einfach geschälte, entkernte, kleingewürfelte Tomatenstücke und frische gehackte Kräuter der Saison in die Suppe geben. Selbstgekochte Brühen schmecken aber auch kalt sehr gut. Zum Beispiel, wenn man in einem halben Liter heißer Brühe zehn frische Estragonblätter zehn Minuten ziehen läßt, Brühe und Kräuter durch ein Sieb passiert und, nach zwei Stunden im Kühlschrank, serviert. Oder man fügt pro Liter kalter Brühe zehn cl Madeira, Portwein oder Sherry bei.

Übrigens können Sie sich auch eine Hühnerbrühe nach der gleichen Methode herstellen. Statt Fleisch und Knochen ein Suppenhuhn oder Hühnerklein mit den Gemüsen einmal aufkochen und zwei Stunden bei mittlerer Hitze leicht sprudeln lassen. Den Topf bis auf einen Spalt leicht zudecken. Am Ende durchseihen – fertig.

Markklößchensuppe
(kann man vorbereiten)

Zutaten:
50 g Rindermark (aus 2 bis 3 Markknochen),
1 Ei,
1 Eigelb,
80 g Semmelbrösel,
Salz, weißer Pfeffer,
1 Prise Muskat,
1 Bund Petersilie,
½ l Brühe

Zubereitung:
Das Mark aus den Knochen drücken, in kleine Würfel schneiden und in einer kleinen Pfanne ausbraten. Die Flüssigkeit durch ein Sieb in eine Schüssel geben und erkalten lassen.
Das flüssige Mark schaumig rühren, Ei und Eigelb zufügen und alles mit einer Gabel vermischen. Die Semmelbrösel dazugeben und die Paste vorsichtig mit den Händen verkneten. Dann die Gewürze und die Hälfte der kleingehackten Petersilie untermischen. Den Teig eine halbe Stunde ruhenlassen. Danach mit kalt abgespülten, nassen Händen kleine Klößchen formen.
Jetzt kochen Sie einen halben Liter Brühe kurz auf, nehmen den Topf von der Platte und lassen die Klößchen hineingleiten. Wenn sie an die Oberfläche gestiegen sind, müssen sie noch zwei Minuten schwimmen. Die restliche Petersilie auf die Suppe streuen und gleich servieren.
Wenn Sie eine klare, selbstgekochte Brühe verwenden, bereiten Sie die Markklößchen am besten separat in Würfelbrühe zu und geben sie dann gleich in die Suppentasse.
Wenn Sie dieses Rezept ausprobiert haben, wissen Sie, daß Markklößchen wirklich eine Delikatesse sein können, was man von diesen kleinen Mehlbömbchen, die es fertig zu kaufen gibt, nicht immer behaupten kann.

Flädle-Suppe
(kann man vorbereiten)

Zutaten:
100 g Mehl,
¼ l Milch,
2 Eier,
Salz, 1 Prise Muskat,
1 Stück Speck oder Schwarte,
1 Bund Schnittlauch

Zubereitung:
Mehl, Milch, Eier und Gewürze mit dem Mixgerät zu einem Teig verrühren. Eine Pfanne

mit dem Speck ausreiben und erhitzen. Darin hauchdünne Pfannkuchen backen und dann in dünne Streifen schneiden. Portionen in die Teller geben, die heiße Brühe daraufgießen und mit Schnittlauchröllchen (oder Kerbel) bestreuen.

Grießklößchensuppe

Zutaten:
¼ l Milch,
1 Messerspitze Salz,
30 g Butter,
120 g Grieß,
2 Eier,
30 g feingeriebener Emmentaler,
1 Prise Muskat,
1 Bund Schnittlauch

Zubereitung:
Die Milch in einem kleinen Topf aufkochen, Salz und Butter dazugeben. Wenn sich die Butter aufgelöst hat, unter Rühren den Grieß zufügen und die ganze Masse zu einem Kloß verrühren. Den Topf vom Herd nehmen und die Masse mit einem Ei vermengen. Dann abkühlen lassen. Zum Schluß das zweite Ei, Muskat und den Käse darunterrühren.

Mit einem kleinen Löffel (noch besser mit einem Spritzbeutel) kleine Klößchen bilden, auf ein gefettetes Backblech setzen und bei 200 Grad im Ofen in ca. 15 Minuten goldgelb backen. Die »Nokkerl« direkt in die Brühe in den Teller geben und mit Schnittlauchröllchen bestreuen. Übrigens schmecken die »Nockerl« auch ohne Brühe mit heißer zerlassener Butter.

Eierstich für Suppen
(kann man vorbereiten)

Zutaten:
2 Eier,
3 Eßlöffel Milch,
Salz,
1 Prise Muskat,
etwas Butter für die Form

Zubereitung:
Eine kleine feuerfeste Form innen ausbuttern. Alle Zutaten verquirlen und in die Form geben.
Im Wasserbad (siehe Seite 60), bei kleiner Hitze, zugedeckt 20 bis 30 Minuten stocken lassen. Die Form stürzen und die Masse in kleine Würfel schneiden. Diese in die Suppentasse geben und die Brühe darübergießen.

Optisch und geschmacklich reizvoll wird Eierstich, wenn man einen Löffel Tomatenmark oder einen Löffel feine Kerbelblätter in die Masse gibt. Mit Spinat wird's noch grüner, aber wer püriert sich schon extra einen Löffel Spinat – außer er wird auch zum Hauptgericht serviert.

Wenn Sie nicht sicher sind, ob der Eierstich »durch« ist: Stechen Sie mit einer Nadel hinein. Kommt diese trocken heraus, ist der Eierstich gar.

Holländische Schnittlauchsuppe

Zutaten:
1 trockenes Brötchen,
1 Eßlöffel Butter,
½ l Fleischbrühe (Würfel),
1 Eigelb,
2 Eßlöffel saure Sahne,
Salz,
5 Eßlöffel geschnittener Schnittlauch

Zubereitung:
Das Brötchen in feine Würfel schneiden. Die Butter im Topf aufschäumen lassen und die Brötchenwürfel darin hell anrösten. Die Brühe dazugießen und die Suppe 15 Minuten köcheln lassen. Dann kräftig mit einem Schneebesen schlagen, bis die Suppe glatt und gebunden ist. Eigelb und Sahne in einer vorgewärmten Suppenschüssel verquirlen. Die Suppe darunterrühren, mit Salz abschmecken und die Schnittlauchröllchen dazugeben. Servieren Sie die Suppe mit gebuttertem Toastbrot und trockenem Weißwein.

Es muß ja auch nicht immer um Einlagen gehen, die sich beißen lassen. Zum Beispiel bei der nachfolgenden Suppe. Für die brauchen Sie aber unbedingt eine echte Rinderbrühe. Sonst fehlt ihr der Pfiff. Wenn Sie die Suppe als Vorspeise servieren, reicht sie für vier Personen, als Hauptgericht für zwei.

Kartoffel-Kresse-Suppe

Zutaten:
2 Schalotten (oder eine kleine, milde Zwiebel),
1 Knoblauchzehe,
30 g Butter,
1 Stange Lauch,
300 g mehlige, rohe, geschälte Kartoffeln, kleingewürfelt,
2 Bund Brunnenkresse,
1 l kräftige Hausmacherbrühe,
200 g (2 dl) Crème fraîche

Zubereitung:
Die Zwiebeln und die Knoblauchzehe ganz fein hacken und in einem Topf in der Butter nur leicht anschwitzen. Das Weiße und das Gelbe vom Lauch in feine Ringe schneiden und mit den Kartoffelwürfeln und der frisch gezupften Kresse in den Topf geben. Alles weich dünsten. Die Hitze so regulieren, daß nichts braun wird.
Dann mit der Brühe auffüllen und einmal aufkochen. Danach die Suppe im Mixer pürieren. In den Topf zurückgießen, die Crème fraîche drunterrühren und eventuell mit Salz und Pfeffer abschmekken. Die Suppe in den Tellern anrichten und mit einigen zurückbehaltenen Kresseblättern garnieren.
Nach dieser Methode können Sie auch andere Gemüsearten zu einer Suppe verarbeiten. Zum Beispiel Karotten oder nur Lauch.

Wenn Ihnen eine Suppe und dazu knuspriges Stangenweißbrot als Sommeressen ausreichend ist, Sie aber trotzdem nicht auf Fleisch verzichten wollen, probieren Sie diese schlichte Raffinesse:

Gurkensuppe mit Rinderfilet

Zutaten für zwei Personen (als Hauptgericht):
1 halbe Salatgurke, ungespritzt,
100 g Rinderfilet,
1 Teelöffel Salz,
1 Eßlöffel Maisstärke,
¾ l Fleischbrühe,
1 Würfel Hühnerbrühe,
Salz, schwarzer Pfeffer,
1 Bund Dill

Zubereitung:
Die Gurke gründlich waschen und nicht schälen. In einen Zentimeter dicke Scheiben schneiden und daraus 2,5 Zentimeter lange und einen Zentimeter breite Stifte schneiden. Versuchen Sie möglichst, alle auf eine ähnliche Größe zu bringen. Das Filet in Streifen der gleichen Größe schneiden und fest mit Salz und Stärke einreiben. Anschließend die überflüssige Stärke abschütteln. Die Brühe mit dem Würfel aufkochen und erst dann die Gurken und das Fleisch hineingeben. Noch einmal aufkochen lassen und vom Herd nehmen. Höchstens drei Minuten ziehen lassen. Zum Schluß mit Salz und Pfeffer abschmekken. Mit Dill bestreuen.

Wie man sich eine Suppe mit knackig frischem Gemüse herstellt, kann man bei den Chinesen lernen, ohne daß man alles gleich mit Sojasoße vereinheitlicht. Schlichtes Beispiel:

Frühlingszwiebelsuppe
(kann man vorbereiten)

Zutaten für zwei Personen:
12 kleine Frühlingszwiebeln,
½ l Fleischbrühe,
Glutamat, Salz, Pfeffer

Zubereitung:
Die Zwiebeln schälen, vierteln und drei Minuten in kochendem Wasser blanchieren. Abschrecken, mit der Fleischbrühe in einen Topf geben und 15 Minuten köcheln lassen. Kurz vor Schluß einen halben Teelöffel Glutamat dazugeben, pfeffern und eventuell salzen.

Mit Lauch kann man deftig oder raffiniert kochen. Wichtig ist eigentlich nur, daß Sie ihn vorher gründlich reinigen und lieber zuviel als zuwenig von den äußeren Blättern wegwerfen. Eine Delikatesse sind nur die inneren weißen und die hellgrünen Blätter.

Lauchsuppe provençale

Zutaten:
3 Lauchstengel,
20 g Butter,
½ l klare Fleischbrühe,
250 g mehlige Kartoffeln,
2 Scheiben Weißbrot

Zubereitung:
Den Lauch in kleine Streifen schneiden und in der Butter weich dünsten. Dann mit der Brühe aufgießen und das Ganze rund eine Stunde lang köcheln lassen. Die Kartoffeln schälen und in dünne, gleichmäßige Scheiben schneiden. Zum Lauch geben und 15 Minuten mitkochen lassen. Im Ofen das Weißbrot leicht anrösten. Die Scheiben in eine gebutterte Suppenschüssel legen und die Suppe darübergeben. Sofort servieren.

Zu den Suppen gehören auch die Eintöpfe. Sie sind auch für Ungeübte relativ leicht herzustellen, haben aber den Nachteil, daß sich, alleine vom mengenmäßigen Einkauf der Zutaten her, nur ziemlich große Portionen für mindestens vier Personen herstellen lassen. Trotzdem habe ich hier zwei Rezepte für zwei Esser:

Tomaten-Gurken-Eintopf

Zutaten:

1 Pfund fleischige Tomaten,
1 Schmorgurke,
200 g mehligkochende Kartoffeln,
100 g Schinkenspeck,
1 Eßlöffel Butter,
2 Eßlöffel Olivenöl,
1 Bund Dill (fein gezupft),
1 Bund Petersilie,
(wenn Sie keine frischen Kräuter bekommen, dann verwenden Sie tiefgefrorene statt getrockneter),
2 Teelöffel Tomatenmark,
1 Teelöffel Zucker,
½ Teelöffel Glutamat,
weißer Pfeffer, Salz

Zubereitung:
Die Tomaten in kochendes Wasser halten, enthäuten, entkernen und in kleine Würfel schneiden. Die Gurken schälen, längs halbieren, entkernen und in Halbmonde schneiden. Die Kartoffeln schälen und in Scheiben schneiden. Den Schinkenspeck fein würfeln und mit den rohen Kartoffeln in einem Topf bei mittlerer Hitze in der Butter fünf Minuten anschwitzen. Dabei ständig umrühren. Gurken, Olivenöl und Oregano dazugeben und den Topf zudecken. Das Ganze 15 Minuten bei kleiner Hitze köcheln lassen, hin und wieder umrühren und nach der Hälfte der Zeit eine halbe Tasse Wasser zufügen.

Dann Tomaten, Dill, Petersilie, Tomatenmark, Zucker und Glutamat hineingeben und mit Salz und Pfeffer abschmecken. Den Eintopf noch drei Minuten auf kleiner Hitze ziehen lassen und dann servieren. Dazu paßt sehr gut ein französischer Côte du Rhône oder ein italienischer Chianti.

Bei diesem wie auch bei allen anderen Rezepten mit Tomaten sollten Sie darauf achten, aus welchen Ländern sie stammen. Im Winter werden bei uns viele holländische Treibhausfrüchte angeboten. Die schmecken furchtbar fade. Suchen Sie nach spanischen oder marokkanischen. Im Sommer gibt es auch bei uns inzwischen italienische Eier-Tomaten oder, noch besser, die dicken sizilianischen Fleischtomaten. Am besten schmecken aber frischgepflückte deutsche Gärtner-Tomaten. Doch die koche ich nicht, sondern esse sie auf Brot, mit Schnittlauch und gehackter Zwiebel, Salz und Pfeffer.

Zu den klassischen Eintöpfen in Norddeutschland gehören die Speck-Birnen-Bohnen. Von den zwei Dutzend Varianten schmeckt mir diese am besten:

Hamburger Speck-Birnen-Bohnen

Zutaten für zwei Personen:
250 g Schweinebauch,
Salz,
500 g grüne Bohnen,
250 g Birnen (harte, sogenannte Augustbirnen),
1 Zweig Bohnenkraut,
Pfeffer

Zubereitung:
Das Fleisch mit einem halben Liter Wasser und einer Messerspitze Salz zum Kochen bringen. Dann zugedeckt bei Mittelhitze ca. 25 Minuten kochen lassen. In der Zwischenzeit die grünen Bohnen waschen, putzen und die Fäden abziehen. Dann in große Stücke brechen. Die Birnen waschen, den Blütenansatz herausschneiden und das Obst ungeschält mit den Stielen auf das Fleisch legen. Das Ganze weitere zehn Minuten kochen lassen. Danach die Bohnen und das Bohnenkraut zufügen und alles zusammen zugedeckt 25 Minuten bei Mittelhitze garen. Das Fleisch herausnehmen und in Scheiben schneiden. Das Bohnenkraut können Sie wegwerfen. Den Eintopf mit Salz und Pfeffer abschmecken, das Fleisch wieder hineinlegen und servieren.
Variante: Sie können die Birnen auch entkernt und geschält in Vierteln zu den Bohnen geben. Dann sollten sie aber nur in den letzten zehn Minuten mitgekocht werden, sonst werden sie matschig.

Suppen und andere Kaspereien des Anfängers Axel

Jeder frischverliebte Mann wird von einem Gedanken beherrscht: Wie bringt man das Mädchen schleunigst in sein Schlafzimmer. Natürlich mit Charme und nicht allzu plump. Da gibt es zwar verschiedene Möglichkeiten, die auch hin und wieder funktionieren. Aber in meinem Fall hatte ich leider schon viel zuviel auf den Putz gehauen. Meine Selbstdarstellung, ein Feinschmecker zu sein, brachte mich in die Zwangslage, die Superköchin Christel zu einem von mir zubereiteten Abendessen einzuladen. Sie akzeptierte mit einem zwiespältigen Gesichtsausdruck: Das linke Auge strahlte, während das rechte von einer Mißtrauenswolke umhüllt war: »Willst du dir das wirklich antun? Wir können auch essen gehen.«

»Nein, nein, ich möchte dich auch einmal mit meinen Kochkünsten verwöhnen.«

»Das ist doch gar nicht notwendig. Aber wenn es dir Spaß macht – ich freue mich darauf.«

Ich auch, wobei meine Gedanken vor allem der Zeit nach dem Dessert galten. Aber nicht lange. Denn vier Tage vor dem entscheidenden Termin erstand ich für ein Schweinegeld ein dickes französisches Kochbuch, das laut Aufschrift »den höchsten Ansprüchen genügt«. Angeblich war es in die deutsche Sprache übersetzt worden, aber nach viertelstündiger Lektüre schwirrte mir der Kopf von den vielen Fachausdrücken. Da mußte man: bardieren, blanchieren, braisieren, bridieren, ficelieren, pochieren und weiß der Teufel, was noch alles, jedenfalls war ich kurz vorm Krepieren.

Leichte Hysterie überfiel mich. Laut Kochbuch sollte man eine Sauce montieren, doch konnte ich mir beim besten Willen nicht vorstellen, mit einem Schraubenzieher im Topf zu rühren. Mit Unterstützung eines Wörterbuchs fand ich dann doch noch einige Rezepte, die ich mir zutraute nachzukochen. Bis ich erstmals seit Jahren meine Küche mit den Augen eines Fachmanns inspizierte. Ich besaß einen Kupfertopf, den ich noch nie benutzt, sondern zu Dekorationszwecken an die Wand gehängt hatte.

Jungfräulich war auch der Fünf-Liter-Topf, den ich in einem Anfall von Kaufrausch einmal als Sonderangebot mitgenommen hatte.

Nur mein Ein-Liter-Edelstahl-Topf bewies überzeugend, daß in ihm regelmäßig gekocht wurde. Er war innen total verkalkt, da ich darin mein Frühstücksei zubereitete. Die Reinigung war leichter als gedacht – ich ließ ihn einfach auf den Boden fallen, und schon lösten sich die dicken Kalkbrocken ab.

Der Inhalt des Gewürzregals entsprach meiner schlichten Lebensweise: Salz, Pfeffer, Ketchup und Maggi. Die letzten beiden wurden allerdings in keinem der Rezepte gefordert. Immerhin besaß ich einen Mixer, den meine Mutter vor vielen Jahren ausrangiert hatte – ich habe darin einmal Rühreier geschlagen.

Einen langen Abend schrieb ich meine Einkaufsliste, trank dazu zwei Bier und vertilgte eine Tüte Salzmandeln.

Für ein halbes Monatsgehalt bekam ich am nächsten Tag im besten Feinkostgeschäft zwei volle Plastiktüten mit Nahrungsmitteln, mit denen ich mich am Abend in die Arbeit stürzte. Ich plante unter anderem eine provenzalische Gemüsesuppe und brauchte dafür natürlich eine echte Fleischbrühe.

Ich hielt mich sklavisch genau an das Rezept und setzte Knochen, Fleisch und Gemüse auf den Herd. Dann ließ ich die Brühe wallen und begab mich beruhigt vor meinen Fernseher. Gerade als im Spätfilm ein Frankensteinmonster mit der Knochensäge auftrat, fiel mir durch einen intensiven Geruch meine Suppe wieder ein. Ich raste in die Küche und betrachtete mir die stinkigen, schwarzen, Reste von teurem Rindfleisch und dampfenden Knochen. Es roch bestialisch und wurde durch drübergegossenes kaltes Wasser nicht besser. Mein Puls wallte.

Die nächsten zwei Tage lebte ich bei geöffneten Fenstern. Den Topf bekam ich zwar wieder sauber, aber mittlerweile hatte ich zwei einfache Brühwürfel gekauft und löste diese im Kupfertopf auf ...

Wie ich am Tag darauf im Haushaltsgeschäft erfuhr, werden Kupfertöpfe nach ihrer Herstellung mit einer Plastikschicht überzogen, die man vor der ersten Benutzung entfernen muß. Man spricht in so einem Fall deswegen von einem »Lernprozeß«, weil man bei schlechten Erfahrungen Kläger und Beklagter in einer Person ist.

Einen Tag vor dem für mich so wichtigen Abendessen saß ich deprimiert in der Küche und textete im Geist sympathische Ausreden, warum wir doch ins Restaurant gehen sollten. Es war zwar ein heller Nachmittag, aber meine Einfälle waren von schwarzem Humor geprägt. Ich ging spazieren, um mich abzulenken, als ich an einem Kiosk die Rettung fand. Auf einer Frauenzeitschrift prangte die Schlagzeile »Menüs für Anfänger«. Ich raste damit nach Hause und siehe da, es war sogar für mich nachvollziehbar.

Am Samstag morgen steigerte ich wieder den Umsatz des Feinkostgeschäfts. Wie in der Zeitschrift empfohlen, kaufte ich auch noch dunkelrote Kerzen und Servietten und eilte beschwingt in meine Küche.

Ich war von mir höchst beeindruckt, als ich am Abend meinen gedeckten Eßtisch betrachtete. Die Kerzendekoration hätte mich selbst ja schon verführt. Mit der Zubereitung des Essens gab es auch keinerlei Schwierigkeiten. Nach dem Preisschild zu urteilen, war der Wein auch nicht der Schlechteste . . . es klingelte, und ich geriet in Panik. Das verdammte Preisschild ging nicht ab. Ich zupfte daran, riß mir einen Fingernagel ein und hetzte dann zur Tür.

Da kam sie, die Frau, die mich in jeder Hinsicht in Atem hielt. Sie schnupperte ein wenig im Flur herum, und ich bemerkte beiläufig: »Der Geruch ist bald weg. Ich habe neulich ein wenig experimentiert. Aber es hat nichts mit unserem heutigen Essen zu tun.«

Sie lächelte lieb: »Dann ist es ja gut. Es roch so nach angebrannten Suppenknochen.«

»Ach, du kennst den Duft?«

»Natürlich, das ist mir auch schon passiert.«

Ich ignorierte das Thema und führte sie zum Eßtisch. Sie setzte sich und war echt beeindruckt: »Mann, das hätte ich dir gar nicht zugetraut. Sogar Kerzen und Servietten, Ton in Ton. Französisches Weißbrot, Butter – also die Stimmung ist schon richtig angenehm.«

Ich schenkte uns den Wein ein, wir stießen miteinander an, und ich entschwebte auf einer Wolke wieder in die Küche. Aus dem Kühlschrank holte ich die zwei vorbereiteten Teller mit der Vorspeise und brachte sie an den Tisch.

»Mmh«, sprach sie, »wie originell, Parmaschinken mit Feigen, das mag ich. Das schmeckt noch besser als der übliche Schinken mit Melone.«

»Ja«, ich atmete auf, »das finde ich auch. Das ist irgendwie raffinierter.«

Sieg in der ersten Runde. Dann trug ich die Teller mit den Kopfsalatherzen und Räucherlachs auf. Sie riß vor Verblüffung die Augen weit auf:

»Toll, das perfekte feine Sommeressen. Mehr brauche ich nicht zum Glücklichsein.«

»Naja«, sprach ich bescheiden, »hinterher gibt es noch einen gemischten Käseteller und Obst. Ich finde, das paßt alles gut zusammen.«

Sie kicherte plötzlich, während sie den Lachs aß: »Weißt du, was hierzu noch passen würde. Vielleicht ein weichgekochtes oder verlorenes Ei.«

Ich wollte ihr nichts von meinen malträtierten Töpfen erzählen, denn eigentlich hatte sie recht – in der Zeitschrift hatte das auch so gestanden ... Nie in meinem Leben habe ich so tief geseufzt wie in jener Sekunde. Mein Kopf harmonierte plötzlich farblich mit dem Rotwein.

Christel lachte schallend und ich sprach die peinliche Erkenntnis aus: »Es sind deine Rezepte, nicht wahr. Du schreibst ausgerechnet für diese Zeitschrift?«

»Ja«, prustete sie immer noch, »und du bist mein erster Fan, den ich persönlich kennengelernt habe.« Was das betrifft, bin ich es auch geblieben.

Übrigens, das Lachsrezept finden Sie auf Seite 42, das zugehörige Foto auf Seite 45. Die Fotos der Schinken-Feigen-Platte auf Seite 41 und den Käse auf Seite 149.

Kleine Vorspeisen

Natürlich kann man auch die im ersten Kapitel erwähnten Salate als Vorspeisen servieren. Dann müssen Sie die Portionen halbieren. Umgekehrt sind es nicht nur Vegetarier, denen eine Kartoffel- oder Gemüsespeise als Hauptgang vollkommen ausreichen. Aber ich habe es schon einmal angedeutet: Wer seine(n) Partner(in) mit einem Essen verwöhnen will, muß sich vorher über eventuelle Vor- und Haßlieben erkundigen. Die nachfolgenden Rezepte sind nicht schwierig. Sie verlangen aber teilweise schon wieder mehr Geschirr, wie zum Beispiel eine Gratin- oder Auflaufform. Und sie erfordern sorgfältigen Einkauf und Geduld bei der Zubereitung. Sie müssen keine Bange haben, was die Portionierung beim Würzen angeht. Wenn Sie ein Essen mehrmals nach denselben Anweisungen gekocht haben, wird es trotzdem immer wieder ein wenig anders schmecken. Sei es, weil die Kartoffelsorte eine andere oder das Fleisch anders abgehangen war. Wichtiger ist es, viele frische Kräuter zu verwenden, beim Kochen vorsichtig zu salzen und erst bei Tisch nachzusalzen.

Ideale Vorspeisen lassen sich mit Schinken zaubern. Ordnen Sie die Scheiben hübsch an und garnieren Sie mit Melonenstücken oder (siehe Foto rechts) mit frischen Feigen. Das Obst sollte nur schön gekühlt sein, wenn es auf den Tisch kommt. Am besten schmecken die (wegen ihrer zeitraubenden Herstellung) teuren Parmaschinken. Oder der ähnlich hergestellte Coppa oder Capocollo, der aus einem fetteren Schulterstück des Schweines hergestellt wird. Gerade dieser Speck sorgt aber für den einmaligen Geschmack. Den besten Coppa bekommen Sie in Feinkostgeschäften unter dem Namen »Coppa di Zibello«.

Mit Lachs läßt sich ebenso leicht ein Vorspeisenteller anrichten. Wenn Sie einen fein gebeizten Graved Lachs bekommen, dann servieren Sie ihn nur mit Brot und Butter. Die obligatorische Meerrettichsahne ist nur für die faden Lachssorten in Plastikverschweißung nötig.

Schinken mit frischen Feigen

Haben Sie einen wirklich guten geräucherten Lachs, dann servieren Sie ihn doch einmal so:

Lachs auf Salat
(siehe Foto Seite 45)

Zutaten:
1 Kopfsalat,
2 weichgekochte Eier (vier Minuten),
4 Scheiben Räucherlachs,
1 Bund Dill,
Salz, weißer Pfeffer,
4 Eßlöffel Crème fraîche,
Saft einer halben Zitrone,
1 Prise Cayennepfeffer (oder scharfer Paprika)

Zubereitung:
Den Salat putzen und nur die hellen Blätter und das Herz in kaltem Wasser waschen und trockenschleudern. Die Hälfte vom Dill fein zupfen und mit Crème fraîche, Zitronensaft, Cayennepfeffer, Salz und weißem Pfeffer zu einer Sauce verrühren.
Das Salatherz vierteilen und mit den anderen Salatblättern auf zwei Tellern anordnen. Darauf die Lachsscheiben legen und auf diese die restlichen Dillstengel geben. In die Mitte kommen die weichen Eier, die mit der Sahnesoße überzogen werden.

Lauch mit Champignons

Zutaten:
2 Lauchstangen,
150 g frische Champignons,
½ Eßlöffel Zitronensaft,
½ Eßlöffel Apfelessig,
3 Eßlöffel Olivenöl,
Salz, weißer Pfeffer

Zubereitung:
Den Lauch putzen, die Enden abschneiden. Ein Drittel des oberen Teils der Länge nach einschneiden und unter fließendem Wasser säubern. Den Lauch in leicht gesalzenem Wasser etwa fünf Minuten kochen; er muß noch knackig bleiben.
Die Pilze putzen und in dünne Scheiben schneiden und auf zwei Salattellern verteilen. Aus Zitronensaft, Essig, Olivenöl, Salz und Pfeffer eine Salatsoße mischen.
Den lauwarmen Lauch abtropfen lassen, in fünf Zentimeter lange Stücke schneiden, auf die Champignons legen und mit der Salatsoße übergießen. Eine köstliche Vorspeise, die Sie vor jeder Hauptspeise reichen können. Eine vollwertige Mahlzeit wird daraus, wenn Sie zwei Scheiben kaltes Roastbeef, Baguette und gesalzene Butter dazu servieren.

Gemüse als Hauptspeise

»Die guten ins Töpfchen, die schlechten ins Kröpfchen«, wies Aschenputtel einst die Tauben an, die ihr beim Küchendienst zur Seite standen. Nun, heut würden die Viecher schnell verhungern: Die vor allem im Mai und Juni angebotenen deutschen frischen Erbsen sind dank Züchterkünsten von allererster Qualität. Aber auch nur, wenn sie maximal einen Tag nach der Ernte bereits im Kochtopf gelandet sind. Sonst schmeckt's mehlig und fad. Dann ist es auf jeden Fall besser, man greift zu den tiefgekühlten.

Natürlich gilt das in dieser Jahreszeit für alles, was man offen auf dem Markt angeboten bekommt. Auch die teuersten Qualitäten bringen keinen perfekten Genuß, wenn man sie nicht umgehend dem Gaumen zuführt. Wie leider heutzutage üblich, ist der Einkauf auch bei Gemüse Vertrauens- und Glückssache. Ein bißchen kann man sich aber doch vor Enttäuschungen bewahren:

1. Kaufen Sie kein in Plastik abgepacktes Gemüse!
2. Gehen Sie zum Gemüsekauf nicht in den Supermarkt, wenn Sie die Verkäuferin nicht gut kennen!
3. Lassen Sie die Ware nicht unterm Ladentisch einpacken! Da stehen oft noch die »alten« Kisten.

Aber wenn Sie frische Ware gekauft haben – sei es vom Gärtner oder der Marktfrau –, dann verarbeiten Sie sie gleich. Als Beilage die Erbsen in sprudelndes Salzwasser geben und nach höchstens 15 Minuten herausnehmen, mit Butter und einer Prise Zucker vermengen und servieren.

Auf den nächsten Seiten finden Sie verhältnismäßig viele Gemüsegerichte. Das liegt nicht nur daran, daß ich es persönlich gerne esse. Sondern auch ein Grund ist, daß es für die Zwei-Personen-Küche ideal ist.

Das Angebot ist heutzutage vielfältiger als noch vor zehn Jahren. Und man kann Gemüse in den kleinen Mengen kaufen, die benötigt werden.

Gemüse als Hauptgerichte sind relativ kalorienarm und durch die frischen Zutaten besonders aromatisch. Bleiben wir bei den Erbsen:

Grünes Omelett

Zutaten für zwei Personen:
1 kg Erbsenschoten (ergeben ausgepalt etwa 300 g),
40 g Butter,
Salz, weißer Pfeffer,
1 Prise Zucker,
5 Eier,
100 g geriebener Parmesan,
1 Bund Basilikum

Zubereitung:
Die ausgepalten Erbsen mit kaltem Wasser abbrausen. Backofen auf 200 Grad erhitzen. In einer flachen Auflaufform die Butter zerlaufen lassen, dann die Erbsen darin zehn Minuten dünsten und mit Salz, Pfeffer und Zucker würzen. Die Eier verquirlen, salzen, pfeffern und gleichmäßig über die Erbsen in der Form gießen. 15 Minuten backen. Dann den Parmesan über dem Omelett verteilen, noch einmal fünf Minuten im Ofen backen und anschließend sofort mit Weißbrot servieren. Erst bei Tisch das Basilikum zerzupfen und über das Omelett streuen.

Im Juni/Juli gibt es auch noch die zur Erbsenfamilie zählenden Zuckerschoten. Sie müssen nur, wie Bohnen, sorgfältig »entfädelt« werden.

Zuckerschoten mit Zitronencreme

Zutaten für zwei Personen:
250 g Zuckerschoten,
6 Eßlöffel Mayonnaise,
3 Eßlöffel Joghurt,
1 Teelöffel Dijon-Senf,
Salz, weißer Pfeffer,
1 Knoblauchzehe,
1 Zitrone (ungespritzt)

Zubereitung:
Die Schoten waschen und entfädeln. In kochendem Salzwasser eine (!) Minute blanchieren, in ein Sieb geben und mit kaltem Wasser abschrekken. Abtropfen lassen. Mayonnaise, Joghurt, Senf, Salz und Pfeffer miteinander verrühren, die Knoblauchzehe ausdrükken und daruntermischen. Die Zitronenschale abreiben, dann die Frucht auspressen und den Saft mit der Creme verrühren. Diese über die Schoten gießen und die geriebene Zitronenschale darüberstreuen. Schmeckt herrlich mit Baguette und Weißwein.

Lachs auf Salat, Rezept Seite 42

Als Gemüsebeilage läßt sich auch aus Äpfeln Pikantes zaubern. Unser Rezept eignet sich hervorragend zu allen Arten von Schweinebraten.

Apfel-Möhren-Gemüse

Zutaten:
250 g Möhren,
100 g Zwiebeln,
60 g Butter,
Salz, weißer Pfeffer,
20 g Zucker,
5 Eßlöffel trockener Weißwein,
200 g Äpfel (Granny Smith oder Boskop)

Zubereitung:
Die Möhren waschen, schälen und in dicke Stifte schneiden. Die Zwiebeln längs in Scheiben schneiden, 40 Gramm Butter in einer Pfanne zerlassen, die Zwiebeln darin glasig dünsten, dann die Möhren dazugeben und mit den Zwiebeln vermischen. Mit Salz, Pfeffer und einer Prise Zucker abschmecken. Den Wein hineingießen, die Pfanne abdecken und das Gemüse 20 Minuten auf kleiner Flamme garen. Jetzt die Äpfel schälen, entkernen und in nicht zu dünne Scheiben schneiden. Die restliche Butter in einer zweiten Pfanne zerlassen, den Zucker hineingeben und das Ganze karamelisieren lassen. Die Apfelscheiben darin goldgelb braten, aber nicht zerfallen lassen (nur mit Holzlöffeln arbeiten). Vor dem Servieren läßt man die Apfelscheiben auf das Möhrengemüse gleiten und bringt das Gericht möglichst heiß auf den Tisch.

Sahne-Möhren

Zutaten für zwei Personen:
6 Frühlingszwiebeln,
400 g Möhren,
50 g Butter,
Salz, weißer Pfeffer,
½ Teelöffel Zucker,
1 Bund Petersilie, fein gehackt,
1 halbe Tasse Sahne

Zubereitung:
Die Zwiebeln und Möhren schälen. Die Butter in einer großen Pfanne schmelzen. Möhren und Zwiebeln nach dem Aufschäumen hineingeben, salzen, pfeffern und mit Zucker bestreuen. Auf kleiner Flamme zugedeckt rund 30 Minuten schmoren und zwischendurch umrühren. Petersilie und Sahne druntergeben und weitere fünf Minuten köcheln lassen.

Gratinierter Lauch

Zutaten für zwei Personen:
500 g Lauch,
30 g Butter,
100 g Emmentaler in Scheiben,
30 g Parmesan,
30 g Semmelbrösel,
Salz, weißer Pfeffer,
100 g gekochter Schinken, gewürfelt

Zubereitung:
Die dunklen Teile vom Lauch abschneiden und wegwerfen. Die Lauchstangen längs halbieren und sorgfältig waschen. In einem Topf mit kochendem Salzwasser fünf Minuten blanchieren, herausnehmen und auf einem Sieb ablaufen lassen. Dann in eine gebutterte Auflaufform geben, darauf die Schinkenwürfel und den Emmentaler darüberlegen. Geriebenen Parmesan und Semmelbrösel vermischen und über dem Lauch gleichmäßig verteilen. Die restliche Butter in kleinen Flöckchen daraufgeben. Im Ofen bei 220 Grad backen, bis die Oberfläche goldgelb ist – nach rund zehn Minuten.
Noch feiner schmeckt Lauch und alles blanchierte Gemüse, wenn es kurz in Eiswasser abgeschreckt wird.

Fenchel ist ein bei uns leider sehr unterschätztes Gemüse, das im Juni/Juli Hochsaison hat. Wer es einmal richtig kennengelernt hat, wird meine Begeisterung teilen:

Gratinierter Fenchel

Zutaten für zwei Personen:
2 Fenchelknollen,
1 Eßlöffel Butter,
2 Eßlöffel geriebener Emmentaler,
Salz, Pfeffer aus der Mühle

Zubereitung:
Die Fenchelknollen putzen und in nicht zu dicke Scheiben schneiden. In leicht gesalzenem Wasser (einen Teelöffel Salz in einem Liter Wasser) zwölf Minuten köcheln lassen. Dann das Wasser abgießen. Eine feuerfeste Form ausbuttern und die Hälfte der Fenchelscheiben hineinlegen. Mit einem Eßlöffel Käse bestreuen und mit Pfeffer würzen. Den Rest des Fenchels darüberschichten, mit Käse und Pfeffer bestreuen. Die restliche Butter in kleinen Flöckchen daraufsetzen und den Fenchel bei 220 Grad im vorgeheizten Ofen zehn Minuten überbacken. Schmeckt herrlich zu dunklem Brot und einem kräftigen Wein.

Wenn Sie auch optisch mit einem raffinierten Gericht überraschen wollen, dann kochen Sie einmal dieses:

Wirsing-Flan

Zutaten:
200 g Wirsing (die Menge entspricht dem inneren Teil des Wirsingkopfs),
15 g Butter,
¼ l Sahne,
1 Ei,
Salz, weißer Pfeffer

Zubereitung:
Den kleingeschnittenen Wirsing in der Butter leicht andünsten. Die Sahne dazugießen und den Kohl auf kleiner Flamme weich dünsten. Dann die Masse im Mixer mit dem Eigelb verrühren und das steif geschlagene Eiweiß unterziehen. Alles mit Salz und Pfeffer würzen. Die Masse in zwei gebutterte Auflaufförmchen geben und im Wasserbad (siehe Seite 60) bei 160 Grad in ca. 60 Minuten im Ofen backen. Zum Servieren die Förmchen stürzen.
Das einzige Rezept aus den »wilden« Zeiten der »Nouvelle Cuisine«, das auch konservative Esser immer wieder begeistert.

Provenzalische Pfifferlinge

Zutaten:
250 g Pfifferlinge (geputzt gewogen),
2 Teelöffel Öl, 30 g Butter,
30 g gehackte Pfifferlingstiele,
1 Teelöffel feingehackte Zwiebeln,
2 feingehackte Knoblauchzehen,
Salz, Pfeffer,
etwas Zitronensaft,
1 Bund Petersilie

Zubereitung:
Die Pfifferlinge putzen, gründlich mit kaltem Wasser abspülen und auf einem Sieb abtropfen lassen. In sehr heißem Öl anbraten. Herausheben, abtropfen lassen und das Öl weggießen. Statt dessen die Butter in der Pfanne schmelzen, Pilzstiele, Zwiebeln und Knoblauch dazugeben und unter ständigem Rühren trockendünsten. Dann die Pfifferlinge dazugeben, mit Salz, Pfeffer und Zitronensaft abschmecken und kurz vor dem Servieren die feingehackte Petersilie unterziehen. Mit Weißbrot und Rotwein servieren.
So zubereitet schmecken auch alle anderen frischen Mischpilze unserer Wälder.

Mit Hackfleisch gefüllte Champignons gibt es mittlerweile auch in den einfachsten Restaurants. Viel raffinierter schmecken:

Champignon-Champignons

Zutaten:
20 große Champignons,
50 g Butter,
Salz, Pfeffer,
1 Eßlöffel Paniermehl (aus Toastbrot ohne Rinde selbst reiben).

Für die Füllung:
250 g Champignons (inklusive der Stiele der vorher angegebenen Pilze),
1 Zwiebel,
100 g Butter,
$\frac{1}{10}$ l Bratensoße (Fertigpakkung),
1 Eßlöffel Tomatenmark,
Saft einer ausgepreßten Knoblauchzehe,
Salz, Pfeffer,
Zitronensaft,
1 Eßlöffel Paniermehl (siehe oben),
1 Teelöffel gehackte Petersilie

Zubereitung:
Die Champignons rasch putzen und die Stiele aus den Köpfen herausdrehen. Die Köpfe mit der nun hohlen Seite nach oben in eine gebutterte Auflaufform geben, salzen, pfeffern und mit zerlassener Butter beträufeln. Die Form sieben Minuten in den Ofen geben (220 Grad).
In der Zwischenzeit die Füllung zubereiten. Mit den Stielen insgesamt 250 Gramm Champignons kleinhacken. In einer großen Pfanne die gehackte Zwiebel in 50 Gramm Butter dünsten. Die gehackten Champignons zufügen und drei Minuten auf höchster Hitze unter ständigem Rühren die Pilzflüssigkeit verdampfen lassen.
Dann die braune Soße und das Tomatenmark dazugeben. Ebenfalls den Knoblauchsaft, Salz, Pfeffer und etwas Zitronensaft. Alles vermischt einkochen, bis eine dickliche Masse entsteht. Das Paniermehl dazurühren. Die Pfanne vom Feuer nehmen und die restlichen 50 Gramm Butter und die Petersilie unterrühren.
Die vorgegarten Champignons aus dem Ofen holen, mit der Masse füllen, mit etwas zerlassener Butter beträufeln und mit Paniermehl bestreuen. Weitere fünf Minuten bei etwa 150 Grad überbakken. Dazu Weißbrot oder braunen Butterreis servieren.

Mit dieser Füllung können Sie auch hartgekochte Eier oder ausgehöhlte Tomaten füllen (warm oder kalt). Oder Sie bestreichen damit Kalbs- oder Rinderfilets und überbacken sie. Auch als Beilage zu Wildgerichten ist diese Champignonfüllung geeignet.

Pilz-Schnecken

Zutaten:
20 große Champignons,
20 Schnecken (aus der Dose),
125 g Knoblauchbutter,
1 Bund Petersilie, gehackt,
Saft und Schale einer halben ungespritzten Zitrone,
Salz, weißer Pfeffer

Zubereitung:
Aus den geputzten Champignons die Stiele herausdrehen und die abgetropften Dosenschnecken hineingeben. Butter, Petersilie, Zitronensaft und die feingeriebene Schale mit Salz und Pfeffer verrühren und vorsichtig über Pilze und Schnecken verstreichen. Die Pilze in einer gebutterten Auflaufform 20 Minuten bei 200 Grad überbacken.

Über den Umgang mit Pilzen

● Pilze immer nach dem Garen salzen, da sie sonst zuviel Flüssigkeit abgeben.
● Bei Dosenpilzen genügt die Hälfte der für frische Pilze angegebenen Menge.
● Trockenpilze immer einen Tag vorher einweichen. Das Einweichwasser nicht wegschütten, sondern beim Kochen verwenden.
● Champignons nach dem Putzen mit Zitronensaft beträufeln. Oder Zitronensaft bereits dem Waschwasser zufügen, damit sie schön weiß bleiben.
● Wenn Sie keine echten Wiesenchampignons bekommen, nehmen Sie die gezüchteten, leicht bräunlichen Egerlinge. Oder die besonders intensiv schmeckenden französischen Wald-(Zucht-)Champignons.
● Lange frisch halten können Sie Pilze auch durch Einfrieren (mit Ausnahme von Pfifferlingen, die bitter werden). Sie halten dann zehn bis zwölf Monate.

AUBERGINEN

Die früheren Züchtungen waren weiß und eiförmig. Deswegen heißen sie auch in manchen Gegenden noch Eierfrüchte (in England »eggplant«).

Die heutigen Auberginen sind violett, haben eine glänzende, glatte Haut und einen knackig-grünen, stacheligen Stiel. Bei einer reifen Frucht gibt die Schale auf leichten Daumendruck etwas nach; bei einer jungen nicht – auf die sollten Sie verzichten, da sie noch zu viele Bitterstoffe (Solanin) enthält. Lassen Sie sich auch nicht zum Kauf von Mammutexemplaren überreden – die kleinen bis mittelgroßen schmecken besser.

Auberginen sollten Sie niemals roh essen, denn sie enthalten Gerbstoffe, von denen Ihnen mit Sicherheit schlecht wird. Man kann die Früchte aber – mit oder ohne Schale – kochen, dünsten, schmoren, braten oder überbacken. Wenn man sie nur kurz kocht (das gilt für einige Rezepte), dann sollten sie vorbehandelt werden.

Dazu muß man sie waschen, den Stiel entfernen und sie in Scheiben schneiden. Die Früchte kommen in ein großes Sieb, das man über einen großen Topf hängt (oder übers Spülbekken). Dann die Scheiben alle kräftig salzen und 15 Minuten warten, bis das Salz die Bitterstoffe mit dem Wasser entzogen hat.

Die Scheiben auf Küchenkrepp nebeneinander ausbreiten und mit einer weiteren Papierschicht bedecken. Die Auberginen durch vorsichtiges Andrücken abtrocknen; mit einigen Spritzern Zitronensaft können Sie verhindern, daß das Fruchtfleisch braun wird. Benötigt man die Auberginen ohne Schale, brüht man sie kurz in heißem Wasser und schält sie dann. Allerdings sitzen die wenigen vorhandenen Vitamine (B_1, B_2 und C) bei dieser Frucht in der Schale. Deshalb sollte man sie eigentlich nicht schälen. Außerdem sind Auberginen kalziumhaltig (gut für die Fingernägel) und sehr kalorienarm (25 Kalorien auf 100 Gramm).

Das klingt zwar sehr verlockend – weil aber Auberginen mit reichlich Olivenöl zubereitet werden müssen, ist die Kalorienarmut leider kein Pluspunkt.

Die folgenden Rezepte sind, soweit nicht extra angegeben, als Vorspeise für vier Personen oder als Hauptgang für zwei Personen gedacht. Es sind typisch südliche Gerichte – passend zu einem trockenen Wein und frischer Baguette. Zum Beispiel das klassische Gericht:

Auberginen mit Mozzarella überbacken

Zutaten:
4 Auberginen,
1 weiße Zwiebel,
1 Bund Basilikum,
½ kg Tomaten,
ca. 6 Eßlöffel Olivenöl,
Salz, Pfeffer,
2 hartgekochte Eier,
1 große (besser zwei kleine) Mozzarella,
2 Eßlöffel Mehl,
50 g geriebener Parmesan,
4 Sardellenfilets,
etwas Butter

Zubereitung:
Die Auberginen behandeln wie eingangs beschrieben: waschen, in einen Zentimeter dicke Scheiben schneiden, salzen und den bitteren Saft ablaufen lassen.
In der Zwischenzeit die Zwiebel und das Basilikum kleinhacken. Die Tomaten kreuzweise leicht einschneiden, in kochendes Wasser tauchen, kalt abschrecken und die Haut abziehen. Zerkleinern und dabei die Kerne entfernen. In einer Pfanne zwei Eßlöffel Öl erhitzen, die Zwiebel und das Basilikum zwei Minuten darin anbraten. Die Tomaten darunterrühren, salzen und pfeffern. Bei geschlossenem Deckel eine halbe Stunde auf kleiner Flamme ziehen lassen.
Die Eier schälen und ebenso wie die Mozzarella in Scheiben schneiden.
Eine feuerfeste Form mit etwas Öl auspinseln und neben den Herd stellen. Die Auberginen kurz mit Wasser abbrausen, mit Küchenkrepp trocknen, in Mehl wenden und leicht abschütteln. Sie sollen nur leicht mit Mehl bestäubt sein. In einer Pfanne das restliche Öl erhitzen und die Scheiben portionsweise darin von jeder Seite höchstens dreißig Sekunden bräunen. Dann die Hälfte der Auberginen in die geölte Form schichten, salzen, pfeffern und mit etwas Parmesan bestreuen. Die Hälfte der Tomatensoße darübergießen. Die restlichen Auberginenscheiben darauf verteilen. Die Eierscheiben und die kleingeschnittenen Sardellenfilets darüberlegen. Das Ganze wird

mit Mozzarellascheiben bedeckt. Die restliche Tomatensoße darübergießen, mit dem Parmesan bestreuen; kleine Butterflöckchen aufsetzen und dann im Backofen bei 180 Grad 20 Minuten überbacken. Ein Hinweis: Sardellenfilets aus der Dose sind in der Regel sehr stark gesalzen. Vorher probieren und eventuell eine Stunde in kaltem Wasser entsalzen oder weniger Salz beim Würzen verwenden.

Es gibt unzählige Rezepte für gefüllte Auberginen. Das folgende ist mir am liebsten, da es im Sommer nicht allzu schwer im Magen liegt und auch abgekühlt als Beilage zu Steak oder einfach nur zu Weißbrot und Wein paßt.

Gefüllte Auberginen

Zutaten:
100 g Reis,
4 feste Tomaten,
4 kleine Auberginen,
2 grüne Paprikaschoten,
200 g Zwiebeln,
ca. 6 Eßlöffel Olivenöl,
3 Knoblauchzehen,
1 Bund Petersilie, gehackt,
6 Salbeiblätter, gehackt,
Pfeffer, Salz

Zubereitung:
Den Reis in Salzwasser 15 Minuten quellen lassen. Die Tomaten kurz in kochendes Wasser tauchen, abschrecken, schälen, entkernen und kleinhacken. Die Auberginen 20 Minuten in Salzwasser leicht sprudelnd kochen lassen. Die Paprika ebenfalls entkernen und in kleine Würfel schneiden. Die Zwiebeln fein hacken und in zwei Eßlöffel Öl anbraten. Dann die Tomaten, Paprika und den abgetropften Reis zugeben. Zusammen auf mittlerer Temperatur gar schmoren. Die Auberginen längs halbieren, etwas Fleisch mit einem kleinen Löffel aus der Mitte herauslösen, kleinschneiden und mit drei Eßlöffeln Öl zu der Gemüsemischung geben. Den Knoblauch auspressen und mit Petersilie und Salbei in den Topf geben. Mit Pfeffer und Salz abschmecken, durchrühren und vom Herd nehmen. Die halbierten Auberginen in einen mit dem restlichen Öl bestrichenen Bräter legen, die Mischung in die Früchte geben und zehn Minuten im Ofen bei 120 Grad schmoren lassen. Wenn Sie's gern etwas exotisch abwandeln wollen, dann geben Sie in die Gemüsemi-

schung noch 50 Gramm ge-
hackte Mandeln und zwei
Messerspitzen Zimt. Dann
schmeckt's nach Türkeiur-
laub.

Bei einer Auberginen-Rezept-
sammlung komme ich natür-
lich um die »Moussaka« nicht
herum. Allein in Griechenland
gibt es eine Vielzahl von »klassischen« Zubereitungsvarian-
ten – in jedem Landstrich eine
andere. Eines haben sie alle
gemeinsam: Die Zutaten werden meistens zu Brei verbra-
ten. Die üppige Béchamelso-
ße darüber liegt mir immer
wie ein Mehlkloß im Magen.
Deswegen schwärme ich
mehr für diese Variante:

Moussaka Aleman

Zutaten:
4 Zucchini,
3 mittelgroße Auberginen,
8 Eßlöffel Olivenöl,
3 feste Fleischtomaten,
2 weiße Zwiebeln,
2 Knoblauchzehen,
1 Bund Petersilie,
4 Eßlöffel Butter oder 2 Eßlöffel Butterschmalz,
600 g Lamm- oder Rinder-
hackfleisch,
Salz, Pfeffer,
Semmelbrösel,
¼ l süße Sahne,
4 Eier,
6 Eßlöffel Parmesan

Zubereitung:
Zucchini und Auberginen waschen, trocknen und die Enden entfernen. Dann in etwa
einen Zentimeter dicke Scheiben schneiden. Das Olivenöl
in einer Pfanne erhitzen und
die Gemüsescheiben von beiden Seiten hellbraun anbraten. Danach auf Küchenkrepp
abtropfen lassen und leicht
salzen. Die Tomaten kreuzweise einschneiden, in kochendes Wasser tauchen, schälen
und in Würfel schneiden.
Zwiebeln, Knoblauchzehen
und Petersilie kleinhacken.
Die Butter (oder – noch besser – zwei Eßlöffel Butterschmalz) in der Pfanne erhitzen. Die Zwiebeln, den Knoblauch und das gehackte
Fleisch bei großer Hitze scharf
anbraten, regelmäßig umrühren, Tomaten und Petersilie
dazugeben, mit Salz und Pfeffer würzen. Falls die Tomaten
zu wäßrig schmecken, einen
Eßlöffel Tomatenmark unterrühren. Bei geschlossenem
Deckel 25 Minuten bei leichter Hitze schmoren lassen.
Eine feuerfeste Form mit Butter ausstreichen und mit Sem-

melbröseln bestreuen. Eine Schicht Auberginen in die Form legen, mit der Hälfte der Fleischmischung bedecken, darauf die Zucchinischeiben verteilen. Das restliche Fleisch und zum Schluß das übrige Gemüse daraufgeben.
Die Sahne und die Eier mit dem Schneebesen kräftig verquirlen, den Käse daruntermischen und mit Salz und Pfeffer abschmecken. Die Flüssigkeit gleichmäßig über der Moussaka verteilen und im Ofen bei 200 Grad etwa 45 Minuten überbacken. Dazu schmeckt Weißbrot oder neue Kartoffeln oder kleine Nudeln.

Für die Liebhaber der Gemüseküche gehört es zum Segen der Sommerzeit, daß man endlich wieder Ratatouille kochen kann. Es gibt für dieses südfranzösische Gericht Dutzende verschiedener Varianten. Bei mir sieht's so aus:

Ratatouille

Zutaten für vier bis sechs Personen:
5 Tomaten,
5 Eßlöffel Olivenöl,
2 weiße Zwiebeln,
2 Knoblauchzehen,
2 rote Paprikaschoten,
2 grüne Paprikaschoten,
3 Auberginen,
4 Zucchini,
Salz, weißer Pfeffer,
½ Teelöffel Rosmarin frisch und fein gehackt,
½ Teelöffel Basilikum frisch und fein gehackt,
½ Teelöffel Koriander gemahlen

Zubereitung:
Tomaten in heißem Wasser häuten. Das Öl in einem Bräter erhitzen. Die feingehackten Zwiebeln und Knoblauchzehen im Öl zehn Minuten glasig werden lassen. Die Paprikaschoten entkernen und in Würfel schneiden. Auberginen und Zucchini in ca. zwei Zentimeter dicke Scheiben schneiden. Die Gemüse (bis auf die Tomaten) in den Bräter geben, salzen, pfeffern. Rosmarin, Basilikum und Koriander daruntermischen. Den Bräter zugedeckt im Ofen auf die unterste Schiene stellen. 40 Minuten bei 160 Grad schmoren. Herausnehmen, die Tomaten halbiert darüber verteilen und noch 15 Minuten zugedeckt schmoren lassen. Ich koche davon immer mehr. Man kann es einfrieren oder am nächsten Abend als kalte Vorspeise genießen.

ARTISCHOCKEN

Zu den »königlichen« Frischgemüsen zählen natürlich die Artischocken. Sie schmecken zu allen hellen Soßen, sofern man sie richtig zubereitet hat – in der Hinsicht habe ich in deutschen Restaurants die schauerlichsten Erfahrungen gesammelt. Deswegen hier die Grundregeln.

Von den Artischocken schneidet man den Stiel am Ansatz der ersten Blätter ab. Von den äußeren Blättern entfernt man mit einer Schere die Spitzen. Das Gemüse waschen, dann mit einer Schnur umwickeln, damit sich beim Kochen die Blätter nicht öffnen. In einen Topf mit kochendem Wasser geben, diesen von der Herdplatte herunternehmen und die Artischocken zehn Minuten darin ziehen lassen, damit die Bitterstoffe herausgehen.

Nun in (mit zehn Gramm je Liter) gesalzenes, sprudelnd kochendes Wasser geben. Der Garpunkt ist erreicht, wenn der Boden bei leichtem Andrücken nur noch schwachen Widerstand leistet und die Blätter sich leicht ablösen lassen.

Servieren Sie zu Artischocken frische Baguette und folgende Soße:

Béarner Sauce

Zutaten:
250 g Butter,
3 mittelgroße Zwiebeln,
3 Eßlöffel Weißweinessig,
Estragon,
Kerbel,
1 Prise weißer Pfeffer aus der Mühle,
4 Eigelb,
Salz

Zubereitung:
Von der Butter ein walnußgroßes Stück in einem Topf zerlaufen lassen und die sehr fein gehackten Zwiebeln darin zehn Minuten bei kleinster Hitze weich dünsten. Dann Essig, Kräuter und Pfeffer zufügen und die Flüssigkeit auf die Menge von zwei Teelöffeln einkochen.
Das Eigelb zufügen und unter ständigem Schlagen erhitzen. Wenn der Eischaum fest geworden ist, die restliche Butter stückchenweise darunter-

schlagen. Am Ende mit Salz und noch je einer Prise Kerbel und Estragon abschmekken.

Diese Soße eignet sich auch ideal für alle gedünsteten Fischspeisen und für Spargel.

Gefüllte Artischocken

Zutaten:
2 Artischocken,
100 g Greyerzer Käse geraspelt,
1 Zwiebel feingehackt,
1 Knoblauchzehe feingehackt
3 Eßlöffel Semmelbrösel,
1 Messerspitze Salz,
1 Messerspitze schwarzer Pfeffer,
4 Eßlöffel Olivenöl,
¼ l trockener Weißwein

Zubereitung:
Von den Artischocken die Stiele und etwa 3 cm von der Spitze abschneiden. Die stehengebliebenen Blätter mit der Schere um ca. ein Drittel kürzen. Die Artischocken waschen und abtropfen lassen. Dann auf eine feste Unterlage drücken und die Blätter auseinanderbiegen. Käse, Zwiebel, Knoblauch, Semmelbrösel, Salz und Pfeffer vermischen. Die Mischung mit einem Löffel, beim untersten Blattkranz beginnend, zwischen die Blätter und in die Mitte der Artischocken füllen und mit den Fingern festdrükken. Den Ofen auf 180 Grad vorheizen. Eine feuerfeste Form mit zwei Löffeln Öl ausstreichen, das Gemüse hineinstellen, jeweils mit einem Löffel Öl begießen. Den Wein zufügen und die Artischocken etwa eine Stunde backen. Dabei mehrmals mit der Flüssigkeit begießen.

Diese Artischocken werden ausnahmsweise mit Messer und Gabel gegessen. Wenn sie nur in eine Soße gestippt werden, nimmt man die Blätter mit den Fingern und saugt sie aus.

Garen im Wasserbad

Den Hinweis, daß Sie einige Speisen im Wasserbad garen müssen, finden Sie mehrmals im Buch. Auch welche Fehler Axel dabei unterliefen. Dabei ist es gar nicht schwer, es erfordert nur etwas Geduld. Speisen, die viele Eier enthalten und deshalb kein Kochen bei großer Hitze vertragen, weil sie leicht gerinnen oder anbrennen, werden daher in einer Form in heißem Wasser gegart. Dafür müssen Sie in einen Topf, der größer ist als die mit der Speise gefüllte Schüssel, so viel Wasser gießen, daß das Wasser die Schüssel etwa bis zur halben Höhe umgibt. Das Wasser dann auf dem Herd bis kurz vor dem Siedepunkt erhitzen, die Temperatur zurückschalten und die Schüssel ins Wasserbad stellen. Das Wasser im Wasserbad darf nicht kochen, sondern muß weiterhin kurz unter dem Siedepunkt gehalten werden. Stellen Sie sich sicherheitshalber eine Tasse mit kaltem Wasser neben den Herd – sollte das Wasser trotz geringer Hitze zu kochen anfangen, dann können Sie die Temperatur mit einem Schuß kalten Wasser regulieren.

Nach dieser Methode werden verschiedene Speisen in diesem Buch hergestellt. Aber auch eine besonders köstliche Soße, die wunderbar zu Spargel, Artischocken, Broccoli und allen Fischarten schmeckt.

Holländische Soße

Zutaten:
½ Zwiebel,
2 Estragonblätter,
3 Eßlöffel trockener Weißwein,
3 Eßlöffel Wasser,
2 Eigelbe,
150 g Butter,
1 Messerspitze Salz,
1 Teelöffel Zitronensaft,
1 Prise Muskatnuß,
1 Prise Cayennepfeffer

Zubereitung:
Die kleingewürfelte Zwiebel, Estragon, Wein und Wasser in einem kleinen Topf so lange kochen, bis nur noch zwei Eßlöffel der Flüssigkeit übrig sind. Diese durch ein Sieb gie-

ßen und erkalten lassen. Die Eigelbe mit der kalten Flüssigkeit verquirlen und im heißen, nicht kochenden Wasserbad mit einem Schneebesen so lange schlagen, bis eine cremige Masse entstanden ist. Die Butter in einem anderen Topf inzwischen bei milder Hitze zerlassen.

Die Schüssel aus dem Wasserbad nehmen und die lauwarme flüssige Butter erst tropfenweise, dann löffelweise unter die Eicreme rühren. Zum Schluß mit Salz, Zitronensaft, Muskat und Cayennepfeffer abschmecken.

Die warme Soße sofort servieren.

Wenn Ihnen die Soße sehr gut schmeckt, lohnt sich auch die Anschaffung eines speziellen Wasserbad-Topfes, der im Handel als Simmertopf erhältlich ist.

Noch einfacher und schneller läßt sich die Holländische Soße allerdings herstellen, wenn Sie einen Mixer besitzen. In diesem Fall müssen Sie den Weißwein-Kräuter-Sud wie eben beschrieben herstellen. Den kalten Sud und die Eigelbe in den Mixer geben und dreißig Sekunden verrühren. Dann einfach die heiße Butter in zwei Raten zugießen und alles nicht länger als eine Minute mixen. Schon ist sie fertig. Wollen Sie die Soße zu gekochtem Fleisch essen, dann rühren Sie am Ende mit dem Schneebesen noch 3 Eßlöffel geschlagene süße Sahne unter. So wird sie leichter und heißt dann in Frankreich »Sauce Chantilly«.

Beilagen

Kartoffelpüree

Zutaten:
1 Pfund mehligkochende
Kartoffeln,
¼ l Milch,
2 Eßlöffel Butter,
2 Eßlöffel Creme fraîche,
Salz

Zubereitung:
Die Kartoffeln schälen und unter fließendem kalten Wasser waschen. In einem großen Topf mit kaltem Wasser aufsetzen und salzen (pro Liter Wasser 1 Eßlöffel Salz). Bei mittlerer Hitze zugedeckt rund zwanzig Minuten kochen lassen. Die Garzeiten sind von den Kartoffelsorten abhängig – stechen Sie sicherheitshalber mit einem Messer hinein.
Die Milch aufkochen. Die Kartoffeln abgießen und durch eine Kartoffelpresse oder mit einem Kartoffelstampfer in eine Schüssel drücken.
Unter Rühren mit einem Handmixer oder Schneebesen in kleinen Portionen die Milch zugeben. Dann die Butter unterrühren und eventuell nachsalzen.

Warmhalten und kurz vorm Servieren die Creme fraîche untermischen.

Gratinierte Kartoffeln

Zutaten:
1 Pfund mehligkochende
Kartoffeln,
1 Knoblauchzehe,
3 Eßlöffel Butter,
100 g Greyerzer Käse gerieben,
2 Eier,
¼ l Sahne (schmeckt *auch* mit Milch),
Salz, Pfeffer, Muskat

Zubereitung:
Die Kartoffeln schälen, mit Küchenkrepp abreiben und in feine Scheiben schneiden. Die Knoblauchzehe schälen und damit eine Auflaufform einreiben. Dann die Form mit einem Eßlöffel Butter ausstreichen. Die Kartoffelscheiben gleichmäßig in die Form schichten, mit Salz, Pfeffer und Muskat bestreuen. Den Käse darüber verteilen. Die Sahne (Milch) mit den Eiern verquirlen und so darübergießen, daß die

oberste Kartoffelschicht nicht ganz bedeckt ist. Die restliche Butter in Flöckchen darauf verteilen. Den Ofen auf 200 Grad vorheizen und den Auflauf darin in ca. 40 Minuten backen, bis die Oberfläche goldbraun ist.

Reis

Wenn Sie Reis als Beilage brauchen, dann nehmen Sie die Fertigmischungen, sowohl für Patna- wie auch für wilden Reis. Nur aus dem Kochbeutel dürfen sie nicht sein. Aber die Fertigmischungen gelingen immer und als »Anfänger« können Sie sich besser auf die Zubereitung des Hauptgerichts konzentrieren. (Wegen dieser Zeilen werden mir einige aufs Dach steigen – aber ich habe einen Dickschädel.) Ansonsten schwört beim Reiskochen jeder auf seine Methode oder das eigene Mischungsverhältnis. Dabei ist es viel wichtiger, welche Sorte Sie gekauft haben. Weißer Reis muß vor dem Kochen in einem Sieb so lange unter fließendem kaltem Wasser gewaschen werden, bis das

Wasser klar bleibt. Parboiled-Reis, Schnellkochreis und brauner Reis werden nicht gewaschen.
Als Beilage für zwei Personen brauchen Sie eine Tasse Reis, etwa 125 g.
Kochen Sie Parboiled-Reis, dann benötigen Sie zu dieser Reismenge drei Tassen Wasser, bei allen anderen Sorten zwei Tassen Wasser. Das Wasser kochen Sie mit einem halben Teelöffel Salz auf. Den Reis einstreuen, einmal umrühren, Deckel aufsetzen und zwanzig Minuten bei kleinster Hitze dämpfen lassen. Dann abgießen. Wenn Sie ihn sehr trocken haben wollen, in der Schüssel fünf Minuten bei 100 Grad im Backofen abdampfen lassen.
Am besten ist der Parboiled-Reis als Beilage geeignet. Da er bereits vorgegart wurde, kann er nicht verkleben.
Kurz vorm Servieren vermenge ich den Reis immer noch mit einem Eßlöffel Butter. Verwende ich ihn als Beilage zu kurzgebratenem Fleisch, so »motze« ich ihn noch etwas auf. Einfach eine geschälte und entkernte Tomate klein würfeln und mit dem Reis vermischen.

Axel: »Liebling, ich hasse deine Lieblingsessen.«

Ich kann Kohl in keiner Form ausstehen, egal, ob er aus der Pfalz stammt oder aus China. Er stinkt mir immer. Hysterisch reagiere ich alleine schon bei der Erwähnung von Erbseneintopf, Linsensuppe und Lunge. Und mein Gesicht wird grau, sowie jemand Worte wie Knorpel oder Schweineöhrchen ausspricht. Das alles gab's in meiner Kindheit jeden Samstag in regelmäßigem Wechsel. Und ich durfte nicht eher den Tisch verlassen, bis das Zeug runtergewürgt war – mein Vater nannte das Erziehung. Er findet es heute noch komisch und richtig.

So schlimm ist es mit Christels Humor nicht bestellt – aber alle diese erwähnten Speisen liebt sie ebenfalls. Dazu gehören noch (auf meiner schwarzen Liste): Gemüseeintopf, Griespudding und Zuckernudeln (beim letzten Wort lief das Farbband der Schreibmaschine grün an). Als wir vor einigen Jahren einen Immobilienmakler reich machten und eine gemeinsame Wohnung bezogen, schlossen wir einen Pakt: die sogenannten Gruselessen gibt's nur, wenn ich verreist bin.

Das klappte wunderbar. Zwar schüttelte ich hin und wieder nach meiner Rückkehr noch den Erbsengeruch aus den Gardinen, aber ansonsten waren wir beide mit dem Arrangement zufrieden. Bis vor einem Jahr.

Ich mußte für drei Tage weg, was meine geliebte Küchenfee anstandshalber mit drei Krokodilstränen und den Worten quittierte: »Dann kann ich endlich wieder einmal Kohlrouladen machen. Ich werde Stefan und Ingrid einladen, die mögen die auch.«

»Ach, ich hielt die für Feinschmecker. Wie kann man nur so ein Zeug runterkriegen?«

»Leicht, wenn ich es gekocht habe.«

Ich liebe sie mehr als ihr Selbstbewußtsein und verkniff mir weitere Kommentare. Als ich von der Reise zurückkehrte, erzählte sie mir gewollt beiläufig von jenem Abendessen: »Es dürfte dich entsetzen, zu erfahren, daß unser Freundeskreis rein essensmäßig nur aus Banausen besteht.«

Ich grinste breit: »Ach nee, waren die Kohlrouladen gewissermaßen ein Politikum? Haben die jetzt auch gemerkt, daß Kohl niemandem gut bekommt?«

»Nein, mein Lieber, im Gegenteil. Kaum erwähnte ich das Wörtchen Kohlrouladen, schon wurden alle ganz hektisch. Ich habe für acht Leute gekocht, und wenn wir mehr Platz hätten, wären sicher noch einige mehr gerne gekommen. So viel Erfolg und Anklang habe ich noch selten gefunden.«

Ich hüllte mich in Schweigen, damit ich nicht weiter verkohlt wurde. Doch diese Aufgabe übernahmen in den nächsten Tagen unsere Freunde, die bei jenem denkwürdigen Mahl anwesend gewesen waren. Jeder erzählte mir in hymnisch-verklärter Form: »Wahnsinn, Junge, mit dem Mädchen hast du einen Fang gemacht, das hast du gar nicht verdient. Diese Kohlrouladen …

also, das kann man gar nicht beschreiben, die waren einfach ein Gedicht ... irre ... toll ... super ...«

Als mir dann auch noch eine Freundin attestierte, ein bornierter, vorurteilsbeladener Nichts-Schmecker zu sein, streckte ich die Waffen: Ich bat Christel, bei nächster Gelegenheit ihre Wunderrouladen zu kochen.

Sie kicherte: »Hat deine Neugier über die Angst gesiegt? Du mußt dich aber nicht opfern. Ich kann dir ja sicherheitshalber noch ein Nudelgericht vorbereiten, falls dir der Kohl aufstößt.«

Nudelgerichte aller Art versetzen mich umgehend in beste Laune (solange sie nicht gezuckert sind). Als ich alleine lebte, kochte ich mir oft ein Pfund auf Vorrat, briet es in Butter und Knoblauch und klatschte Ketchup drauf. Mir schmeckte diese – für Christel grauenhafte Brutalität – sogar kalt. Mittlerweile hat sie mich schon zu den besseren Nudelgerichten bekehrt, die sich teilweise genauso schnell herstellen lassen.

Wieder einmal war ein Kompromiß geboren – für einen Abend standen Kohlrouladen und Nudeln auf der Speisekarte. Um es kurz zu machen: Die Rouladen waren eine Wucht, die gratinierten Kartoffeln und die Tomatensoße sowieso. Sie bereitet sie eben anders zu als meine Mutter, wie Sie am Rezept (Seite 130) sehen werden. Ich futterte alles auf und vergaß sogar die Nudeln. Aber sie nicht.

Ich lobte sie gerade für ihren Kohl, als sie mich locker unterbrach: »Richtig essen muß man lernen. Und wie du eben erlebt hast, bist du dazu sogar fähig. Trotz deiner Vorurteile. Deswegen habe ich auch noch einen besonderen Nachtisch für dich, den du endlich kennenlernen solltest«, und stellte mir einen Teller mit gezuckerten Nudeln vor die Nase ... Mein grüngewordenes Gesicht bestätigte mir die alte Weisheit: Liebe geht nicht nur durch den Magen, manchmal schlägt sie einem auch auf denselben.

Nudeln liebt fast jeder

Nudelgerichte können auch Anfänger jederzeit zubereiten und sich hinterher in Komplimenten sonnen. Nach meinen Erfahrungen lieben vor allem Männer die Nudeln in jeder Form und Zubereitung. Eigentlich muß man nur eines beachten: Nudeln sollen immer in einem sehr großen Topf gekocht werden. Bei Grießnudeln wie Spaghetti gebe ich noch einen Eßlöffel Olivenöl ins Salzwasser, damit sie nicht aneinander kleben. Als Faustregel gilt: pro 100 Gramm Nudeln braucht man einen Liter Wasser und zehn Gramm Salz. Die Nudeln ins kochende Wasser geben, umrühren und kochen, bis sie bißfest, »al dente«, sind. Probieren Sie zwischendurch, denn die Kochzeiten auf den Packungen der Nudelindustrie sind meistens zu lang. Die besten Nudeln sind die selbstgemachten. Doch dieser Aufwand ist für zwei Personen zu groß. Wer mehr darüber wissen will, findet am Ende dieses Buches meine Empfehlungen für Kochbücher, aus denen man sich weiterinformieren kann.

Die folgenden Nudelrezepte stammen sozusagen aus unserem Alltag, es sind die Hausfavoriten. Auch bei Nudeln gilt die Devise: Verwenden Sie die besten und frischesten Zutaten, die Sie bekommen können – das garantiert den Erfolg.

Bei den meisten Rezepten habe ich einfach nur das Wörtchen »Nudeln« geschrieben. Das hat mehrere Gründe. Ich kenne eine Menge Leute, für die sind Nudeln *nur* Spaghetti oder *nur* Makkaroni. Andere sind bedingungslose Fans *nur* von Eiernudeln und *nur* von Grießteigwaren. Und ich persönlich bin bei Nudeln so eine Art von Wechsel-Wähler. Mal mag ich eine bestimmte Form oder, wegen der Optik auf dem Teller, gefärbte in Rot oder Grün. Aber es geht letztendlich nur darum, daß die Nudeln einen guten »Biß« haben, und die Soßen gut aufnehmen.

Über die Form kann man sich mit dem Partner vorher einigen. Nur ein Wort darf man bei einem Nudelessen nie laut aussprechen: Kalorien. Aber die verbrennen Verliebte nach einem guten Essen sowieso ...

Zuerst unser Lieblingsrezept, das es in unzähligen Variationen gibt. So jedenfalls kochen wir:

Nudeln mit Basilikumsoße
(siehe Foto rechts)

Zutaten:
2 Bund Basilikumblätter (ca. 100 g),
2 Eßlöffel Pinienkerne,
¼ Teelöffel Salz,
2 Knoblauchzehen,
50 g Pecorino (gerieben oder zerbröckelt),
50 g Parmesan,
schwarzer Pfeffer aus der Mühle,
ca. 1 Tasse erstklassiges Olivenöl (extra vérgine),
200 g Nudeln (Spaghetti oder Trenette)

Zubereitung:
Basilikum waschen und die Blätter kleinzupfen. Den Knoblauch schälen und kleinhacken. Beides zusammen in einem Mörser (oder einer Holzschüssel) mit dem Salz und den Pinienkernen zu einer Paste zerstoßen. Nach und nach die beiden Käse dazugeben und das Öl tropfenweise beifügen. Mit Pfeffer abschmecken. Die Nudeln kochen, abgießen und dabei drei Eßlöffel vom Kochwasser vorher abschöpfen und mit der Basilikumsoße vermengen. In einer Schüssel (oder auf den Tellern) die Nudeln mit der Soße vermischen und sofort servieren.
Dazu gibt es nichts als einen frischen italienischen Weiß- oder Rotwein.

Nudeln à la Escoffier

Zutaten:
120 g gekochte Hühnerbrust,
80 g Frischkäse,
80 g Weichkäse,
200 g Nudeln,
100 g Butter

Zubereitung:
Die Hühnerbrust sehr klein schneiden. Den Frischkäse und den Weichkäse im Mixer glattrühren (eventuell einen kleinen Schuß Milch zufügen). Die Nudeln nicht zu weich kochen, in Butter schwenken, mit der Käsesoße und dem Hühnerfleisch mischen. Alles in eine gebutterte Auflaufform füllen und zehn Minuten im Ofen bei 180 Grad überbacken.

Nudeln mit Basilikumsoße, Rezept auf dieser Seite links

Käsenudeln

Zutaten:
100 g Gorgonzola,
200 g Frischkäse,
¼ l Milch,
Salz, Pfeffer, Paprika,
200 g Nudeln (Spaghetti,
Makkaroni, was immer Sie
mögen),
60 g Butter

Zubereitung:
Gorgonzola und Frischkäse
mit der Hälfte der Milch verquirlen. Mit dem Handmixer
auf Stufe 1 rühren, bis eine ge-
schmeidige, nicht zu feste
Masse entsteht. In eine Schüssel geben, mit der restlichen
Milch glattrühren und mit Pfeffer, Salz und Paprika ab-
schmecken. Die inzwischen
gekochten Nudeln in etwas
Butter schwenken und mit der
Käsemasse vermengen. Zum
Schluß noch zwei bis drei Löffel des Nudelkochwassers hinzugeben und gut durchrühren.

Als Frischkäse erhält man bei
uns meistens den sogenannten Doppelrahmfrischkäse.
Doch wenn Sie ein gutes Kä-
segeschäft kennen, dann verwenden Sie für dieses Rezept
unbedingt den italienischen
Frischkäse »Ricotta« – damit
wird das Essen ein Gedicht.

Luxusnudeln

Zutaten:
20 g Butter,
½ Zwiebel,
120 g roher Schinken,
¼ l trockener Weißwein,
300 g geschälte Tomaten aus
der Dose,
120 g Räucherlachs,
Salz, Pfeffer,
¼ l süße Sahne,
200 g Nudeln

Zubereitung:
Die Butter in einer großen
Pfanne erhitzen, ohne daß sie
braun wird, die kleingeschnittene Zwiebel hinzufügen und
glasig werden lassen. Den in
Streifen geschnittenen Schinken dazugeben und einige Minuten schmoren lassen. Ab
und zu umrühren und dann
mit Wein ablöschen. Die geschälten Tomaten hineingeben und zerdrücken. Zehn Minuten lang schmoren lassen
und dann den in daumengroße Stücke geschnittenen Räucherlachs dazugeben und umrühren.
Mit Pfeffer und – falls noch
notwendig – etwas Salz
abschmecken. Zuletzt die Sahne darübergießen und dann
die inzwischen gekochten Nudeln daruntermischen und sofort servieren.

Krabbennudeln

Zutaten:
120 g Butter,
100 g geriebener Parmesan,
200 g frische Krabben,
120 g Champignons,
Petersilie,
Salz, Pfeffer,
200 g Nudeln,
2 l Hühnerbrühe (Würfel)

Zubereitung:
100 g Butter in einer Pfanne zerlassen. Parmesan hineingeben, schmelzen lassen, dann die geschälten Krabben beifügen. Unter dauerndem Rühren (wichtig!) einige Minuten erhitzen. Vom Feuer nehmen. Die geputzten und gewaschenen Pilze in einem Topf mit der restlichen Butter und der gehackten Petersilie zehn Minuten schmoren, dabei pfeffern und salzen. Dann alles im Mixer pürieren. Das Püree nun zu den Krabben geben und nochmals erhitzen. Die Nudeln in der Zwischenzeit in der Hühnerbrühe kochen, abgießen.
Mit der Soße mischen und gleich servieren.
Würziger werden die Krabbennudeln, wenn Sie die dunklen Champignons nehmen, die als Egerlinge angeboten werden.

Grüner Nudelauflauf

Zutaten:
1 kg frischer Spinat,
80 g Butter,
½ l Fleischbrühe (Würfel),
Salz, Pfeffer,
80 g geriebener Parmesan,
200 g Nudeln,
40 g Semmelbrösel

Zubereitung:
Den Spinat waschen, auspressen und hacken. Mit etwas Butter im Topf anschmoren, die Fleischbrühe dazugießen und etwas einkochen lassen. Mit Salz und Pfeffer abschmecken, den Parmesan dazugeben und umrühren, so daß eine sämige Soße entsteht. Die Nudeln in zwei Liter Salzwasser »al dente« kochen, abgießen und in der restlichen Butter schwenken. Schichtweise die Nudeln und die Spinatsoße in eine gefettete Auflaufform füllen, auf die letzte Nudelschicht die Semmelbrösel streuen und darauf einige Butterflöckchen geben. Im vorgeheizten Backofen bei 200 Grad 20 Minuten lang überbacken.
Sie müssen den Auflauf aufessen, da man Spinat nicht aufwärmen darf. Nehmen Sie notfalls 50 Gramm weniger Nudeln.

Nudelauflauf nach meiner Art

Zutaten für zwei bis drei Personen:
200 g Makkaroni,
Salz,
3 kleine feste Tomaten,
2 grobe Bratwürste,
120 g Schinkenspeck in Scheiben (oder kräftiger gekochter Schinken),
4 Eier,
100 g Joghurt (ein Becher),
½ Teelöffel Paprika edelsüß,
1 Messerspitze Muskatnuß,
weißer Pfeffer,
2 Eßlöffel Paniermehl,
80 g geriebener Gouda,
80 g Butter

Zubereitung:
Die Makkaroni in Salzwasser kernig kochen und ablaufen lassen. Die Tomaten oben kreuzweise einschneiden, kurz in kochendes Wasser halten und die Schale abziehen. Die Würstchen in leicht siedendes Wasser legen, nach drei Minuten herausnehmen, die Pelle abziehen und in kleine Scheiben schneiden.
Eine Auflaufform ausbuttern. Den Boden mit dem Schinkenspeck bedecken, die Tomaten hineinsetzen und eine Schicht Makkaroni um die Tomaten herum verteilen. Darauf kommt die Schicht Bratwurstscheiben und dann die restlichen Nudeln. Aus den Eiern, Joghurt, Salz, Pfeffer, Paprika und Muskatnuß im Mixer eine Sauce schlagen und diese gleichmäßig über den Auflauf gießen. Den geriebenen Käse und das Paniermehl miteinander vermengen und gleichmäßig über die Oberfläche verteilen. Darüber die restliche Butter in Flöckchen geben. Den Auflauf 30 Minuten bei 200 Grad backen, dann noch einmal zehn Minuten ohne Deckel, bis sich am Rand und auf der Oberfläche eine goldbraune Kruste gebildet hat. Der Auflauf ist perfekt, wenn die Eiermasse innen noch etwas flüssig ist und sich auf dem Teller mit der Flüssigkeit der Tomate verbindet. Dazu braucht man dann auch keine Tomatensoße sondern nur einen gescheiten Wein.

Eine »leichte« Auflaufvariante ist das folgende Rezept.

Gebackene Nudel-Tomaten

Zutaten für zwei Personen:
100 g kleine Nudeln (z. B. Muschelform),

4 große, feste Fleischtomaten,
Salz, schwarzer Pfeffer,
1 Teelöffel gehackte Petersilie,
1 Teelöffel gehackte Minze
(oder Basilikum oder Salbei –
schmeckt mit jedem anders,
aber gut, wenn die Kräuter
frisch sind),
2 Eßlöffel Olivenöl

Zubereitung:
Von den gewaschenen Tomaten den oberen »Hut« abschneiden. Das Tomatenfleisch mit einem Löffel herausheben, die Kerne entfernen. Die Tomaten mit der Öffnung nach unten auf ein Sieb oder Küchenkrepp legen und abtropfen lassen.
Die Nudeln in Salzwasser »al dente« kochen und gut abtropfen lassen. In eine Schüssel füllen, Tomatenfleisch, Minze, Petersilie und die Hälfte des Öls zufügen und alles gründlich miteinander vermischen. Die Tomaten innen salzen und pfeffern, die Nudelmischung hineinlöffeln und den Tomatenhut aufsetzen. Die Tomaten aufrecht in eine leicht geölte Auflaufform stellen und mit dem restlichen Öl beträufeln. Im Backofen ca. 15 Minuten bei 160 Grad backen. Heiß oder kalt mit Weißbrot genießen. Als Variante können Sie statt des Tomatenhuts auch geriebenen Emmentaler oder je eine Scheibe Mozarella auflegen.

Apfel-Spaghetti

Zutaten:
500 g Äpfel (möglichst Granny Smith),
2 Eßlöffel Olivenöl,
250 g Tomaten aus der Dose,
Salz, schwarzer Pfeffer,
200 g Spaghetti,
1 Stück Sellerie

Zubereitung:
Die Äpfel schälen, entkernen, kochen und dann durch ein Sieb passieren. Zur Seite stellen und das Öl in einer Pfanne erhitzen, die Tomaten dazugeben und das Ganze schmoren, bis die Masse sämig wird. Das Apfelmus in die Pfanne geben und mit Salz und Pfeffer abschmecken.
Jetzt die Spaghetti kochen. Wenn diese fertig sind, in die Tomaten-Apfelmasse den feingehackten Sellerie geben und alles mit den gekochten Spaghetti mischen und servieren. Dazu paßt am besten ein milder badischer Wein.
Übrigens, für diese Soße eignen sich wirklich nur »bissige« Grießteigwaren, die nicht »matschen«.

Zu jeder Jahreszeit läßt sich das nächste Rezept zubereiten:

Spaghetti con i funghi

Zutaten:
15 g getrocknete Pfifferlinge,
20 g getrocknete Steinpilze,
1 Zwiebel,
250 g frische Champignons,
50 g Butter,
1 Knoblauchzehe,
⅛ l süße Sahne,
Salz, Pfeffer,
1 Bund Petersilie, fein gehackt,
200 g Spaghetti

Zubereitung:
Pfifferlinge und Steinpilze in kaltem Wasser gründlich säubern und einen Tag, mit warmem Wasser bedeckt, einweichen.
Am nächsten Tag die Zwiebel fein hacken, die geputzten Champignons grob hacken und die Butter in einem Topf zerlassen. Die Zwiebel und die durchgepreßte Knoblauchzehe darin glasig dünsten, die Champignons und die eingeweichten und auf einem Sieb abgetropften Trockenpilze dazugeben. Das aufgefangene Einweichwasser ebenfalls hineingießen. Die Flüssigkeit etwas verdampfen lassen, die

Sahne dazugeben, mit Salz und viel Pfeffer abschmecken und alles noch fünf bis zehn Minuten auf kleiner Flamme kochen lassen.
Währenddessen die Spaghetti (schmeckt auch zu anderen Nudelarten) in Salzwasser kochen und mit der Soße und der gehackten Petersilie servieren.

Sowohl heiß als auch kalt schmeckt ein leicht hergestellter

Nudelkuchen

Zutaten für zwei Personen (als Hauptspeise):
125 g Eiernudeln,
Salz,
1 Eßlöffel Olivenöl,
2 Stangen Lauch,
1 Eßlöffel Butter,
1 Eßlöffel Semmelbrösel,
150 g gekochter Schinken (gewürfelt),
150 g Gouda (grob gerieben),
3 Eier,
¼ l süße Sahne,
Cayennepfeffer

Zubereitung:
Die Nudeln in Salzwasser und dem Löffel Öl kernig kochen. In der Zwischenzeit den Lauch

säubern und nur das Weiße und Gelbgrüne in Ringe schneiden. In der letzten Minute der Kochzeit zu den Nudeln geben. Dann alles gut im Sieb abtropfen lassen. Eine flache Kuchenform mit der Butter ausstreichen und die Semmelbrösel gleichmäßig darüberstreuen. Die Nudel-Lauch-Mischung darauf verteilen. Die Schinkenwürfel darübergeben. Die Eier mit der Sahne vermischen, mit Cayennepfeffer und Salz würzen und alles gleichmäßig über die Nudeln gießen. Dann den Käse drüberstreuen. Den Kuchen bei 220 Grad etwa 35 Minuten backen. Dazu schmecken sowohl Wein als auch Bier.

Einfach, schnell und raffiniert ist der

Nudelauflauf mit Huhn

Zutaten für zwei Personen:
125 g Makkaroni,
200 g Hühnerfleisch (vorgekocht, enthäutet und in Würfel geschnitten),
80 g Butter,
100 g frisch geriebener Parmesan,
Salz, weißer Pfeffer

Zubereitung:
Die Makkaroni zweimal durchbrechen und in Salzwasser kernig kochen. Abgießen und die noch heißen Nudeln mit jeweils der Hälfte der Butter und dem Parmesan gut vermischen. Eine Auflaufform ausbuttern, ein Drittel der Makkaroni einfüllen, leicht salzen und pfeffern, etwas Käse darüberstreuen und einige Butterflöckchen. Die Hälfte des Hühnerfleischs darüber verteilen. Dann wieder eine Schicht Makkaroni, danach das restliche Hühnerfleisch nebst einigen Butterflocken und als letztes eine abschließende Schicht Nudeln. Darauf kommen der restliche Parmesan und die Butter. Das Ganze wird im Ofen zwanzig Minuten bei 220 Grad überbacken und zu einem frischen Salat serviert.

Fürs Hühnerfleisch können Sie die Brathähnchen einer Grillstation verwenden – einfach nur das Fleisch von Haut und Knochen lösen – es muß allerdings noch warm Ihre Küche erreicht haben und gleich verarbeitet werden, sonst wird's zäh.

Oder Sie kaufen Hühnerteile, die Sie eine Viertelstunde in leicht sprudelndem Salzwasser garen.

Mit Nudeln lassen sich auch für unerfahrene Köche am einfach-sten Menüs zusammenstellen. Einen knackigen Salat als Vor-speise, ein Nudelgericht und hinterher im Sommer Obst und Käse und im Winter eines der Desserts am Ende des Buches. Ich habe damit jedenfalls bei einem gewissen Herrn immer wieder Erfolg, den er nach dem Essen so beschreibt: »Wenn ich ein Baby wäre, würde ich jetzt ein knalliges Bäuerchen machen, so gut war's.« Das ist allerdings der einzige Punkt, in dem er noch Hemmungen kennt.

Axels Frühstück für zwei, die sich lieben

Wahre Liebe und echte Partnerschaft beruhen vor allem auf dem gegenseitigen Einfühlungsvermögen – das lese ich jedenfalls immer wieder in den Frauenzeitschriften, die bei uns im Wohnzimmer rumfliegen. Da ich von selbst nie auf so tiefschürfend platte Allgemeinplätze gekommen wäre, brauchte ich erst diese Illustriertenerziehung, um eines Tages die grandiose Idee zu haben: Ich werde jetzt auch das Kochen lernen und Christel dann verwöhnen.

Um nicht wieder mit überraffinierten nichtfunktionierenden Supermenüs auf die Nase zu fallen, beschloß ich, mit einem einfachen Frühstück zu beginnen. Natürlich sollte es in jeder Hinsicht ein Sonntagsfrühstück werden. Luxuriös und schlicht überwältigend. Ich durchforstete Christels riesige Sammlung von Kochbüchern aus zwei Jahrhunderten und fand nur in einer alten

Schwarte tatsächlich Tips fürs erste Mahl des Tages. Doch irgendwie kam ich – dank meines eingangs erwähnten Einfühlungsvermögens – auf den Gedanken, daß ich damit meine Liebe doch nicht beweisen sollte.

Da wurde beispielsweise vorgeschlagen:

2 Schweinenieren in Sahnesoße

2 Heringsfilets in Dillrahm

4 Scheiben gebeizter Lachs

1 Schale Rote-Johannisbeer-Grütze

2 Waffeln mit Pflaumensirup

3 verschiedene Stücke Käse

Dazu gab's verschiedene Brotsorten, Kaffee, süße Sahne und Schnaps. Nicht erwähnt wurden die sicherlich notwendigen Berge an Verdauungstabletten – das war übrigens das normale Frühstück des Herrn von Bismarck, bis ihn die Ärzte auf Haferbrei umstellten. Letzteren hätte ich mit Leichtigkeit ebenfalls zubereiten können, doch so ein Frühstück würde unserer Liebe sicher nicht wohl bekommen.

Aber die Sache mit den Heringen gefiel mir, da wir in der Zeit gerade zu einem Faschingsball eingeladen waren. Für den darauffolgenden Sonntagmorgen kaufte ich daher alles, was zu einem zünftigen Katerfrühstück gehört ...

Wenn man selbst von einem Brummschädel geplagt wird, ist es gar nicht leicht, still und heimlich aufzustehen und einigermaßen beschwingten Schrittes in die Küche zu eilen. Irgendwie gelang es.

Eine Stunde brauchte ich Laie, bis ich das Tablett so vollgepackt hatte, daß nichts mehr darauf paßte. Auf die kleine Fläche quetschte ich:

Tomatensaft mit einem Schuß Wodka und Tabasco

1 Kanne Kräutertee nebst Tassen

Toast- und Graubrot

Butter, Salz und Pfeffer

1 Topf Matjesfilet

1 Topf Heringsfilet

2 Servietten und 2 Kerzen.

Die zündete ich an und betrat das Schlafzimmer. Ich brauchte meine Herzensdame nicht wachzuküssen – sie übte gerade ihre verkaterte Leidensmimik ein.

»Guten Morgen, mein Schatz«, trompetete ich los, »du brauchst heute nicht aufzustehen, das Frühstück kommt zu dir.«

Sie mühte sich ein Lächeln ab: »Wie nett, eine süße Idee.« Und half mir, das Tablett auf der Bettdecke zu plazieren, ohne daß alles umfiel. Dabei vibrierte ihre Nase ganz undamenhaft: »Was sind das denn für ... äh ... Köstlichkeiten?«

»Probier einfach mal. Das ist ein klassisches Katerfrühstück.«

Comic-Heftchen-Leser kennen das Wort, das sich Christel beim Anblick der Heringstöpfe entrang: »Ulps!«

»Was hast du denn?«

»Mir wird schlecht, glaube ich. Fisch auf nüchternen Magen, das ist nichts für mich.«

»Aber es heißt doch immer, daß diese Art Frühstück am besten hilft.«

»Mir nicht, im Gegenteil.«

Selbstverständlich war ich saurer als die Heringe – das Katerfrühstück war für die Katz'. Aber für die falsche.

»Also gut«, murrte ich, »was möchtest du denn zum Frühstück?«

»Wenn ich es mir wirklich aussuchen darf – nichts weiter als ein Aspirin.«

Da wir eine moderne Beziehung haben, diskutierten wir später über das Thema. Und so erfuhr ich von ihr: »Das mit den Kerzen war sehr lieb. Aber ich esse morgens nun einmal am liebsten Joghurt oder Quark und meine Marmeladen. So ungefähr ab zwölf Uhr mittags bin ich auch fähig zu einem Sektfrühstück. Aber das genieße ich viel mehr am Eßtisch – wenn wir beide im Morgenmantel dransitzen.«

Diese Worte verführten mich zu meinem nächsten Versuch. Ein Sektfrühstück mit Kaviar und Blinis, den russischen Pfannkuchen – ein in jeder Hinsicht kostspieliges Experiment. Blinis sind, so las ich im Kochbuch, etwas Praktisches. Man kann sie einen Tag vorher herstellen, und wenn man sie benötigt, im Ofen einfach aufbacken. Den Rest kann man auch noch einfrieren – ich war begeistert und fabrizierte gleich die passende Menge für eine Fußballmannschaft.

Die Zutaten vermengte ich nach Anweisung und ließ den Teig »gehen«. Es war Hefe drin und deswegen brauchte der Teig ein warmes Plätzchen. Ich nahm unseren Backofen dafür her, stellte ihn auf die kleinste Hitze, und plazierte die Teigschüssel in die Mitte des Ofens.

Es war ein friedlicher Freitagnachmittag, bis Christel nach Hause kam. Ich empfing sie im Flur, doch ihre übermäßig empfindliche Nase kräuselte sich bereits wieder mal: »Was riecht hier so?«

»Es sollte eigentlich eine Überraschung werden – ich mache Blinis für ein Sektfrühstück.«

Sie stürmte vor mir in die Küche und stieß einen selbst mir noch neuen, nicht druckreifen Fluch aus. Das Kochbuch hatte leider vergessen zu erwähnen, daß vierzig Gramm Hefe so weit aufgehen, daß man mit dem Teig einen ganzen Müllcontainer ausfüllen kann – was ich mit dem größten Teil auch machte. Da er in jede undenkbare Ritze gequollen war, bewährte ich mich zwei Tage als Saubermann.

Und lernte wieder etwas dazu. Wenn ich ein liebevolles Frühstück anrichte, dann gibt es die Sachen, die wir beide mögen. Nur hübscher zubereitet, mit Kerzen, einem Blumenstrauß oder einer Schachtel Pralinen. Die aufwendigen Experimente überlasse ich Christel oder bestelle sie mir im Restaurant – die haben wenigstens Lehrlinge, die die Backöfen reinigen.

Sektfrühstück und andere Ideen

Selbstverständlich sind Blinis wirklich eine leckere Abwechslung. Und schwierig sind sie auch nicht herzustellen. Man muß nur geduldig einen Schritt nach dem anderen nachvollziehen. Es lohnt sich, eine größere Menge herzustellen und den Rest einzufrieren, da man sie jederzeit im Ofen wieder aufbacken kann.

Blinis

Zutaten für ca. 20 Stück:
½ l Milch,
15 Gramm Hefe,
200 Gramm Buchweizenmehl
(gibt's im Reformhaus),
200 Gramm Weizenmehl,
100 Gramm Butter,
3 Eigelb,
20 Gramm Salz,
20 Gramm Zucker,
2 Eiweiß,
⅛ l Sahne

Zubereitung:
Die Milch auf den heißen Herd stellen, bis sie lauwarm ist. In eine große Schüssel gießen und die Hefe darin auflösen. Die beiden Mehlsorten zugeben und langsam mit den Knethaken des Handmixers zu einer homogenen Masse verrühren. Mit einem Küchentuch abdecken und eine Stunde bei Zimmertemperatur aufgehen lassen.
Die Butter zerlassen. Die Butter, Eigelbe, Salz, Zucker und steif geschlagenes Eiweiß nacheinander in den Teig einmischen. Die Sahne so schlagen, daß sie leicht angedickt ist und zum Schluß unterrühren. Aus diesem Teig möglichst in einer kleinen Teflonpfanne in etwas Butter kleine Pfannküchlein backen. Sie können Sie im Ofen warm halten, bis Sie sie brauchen. Für ein Sektfrühstück empfiehlt es sich aber, sie am Abend vorher zuzubereiten und erst kurz vorm Servieren im Ofen zu erwärmen.
Wer Blinis lieber knusprig und saftig mag, muß sie in einer dickbödigen Eisenpfanne backen. Dann müssen sie allerdings im Ofen warmgehalten und bald verzehrt werden. Aufgewärmt werden sie schlaff.
Blinis sind eine hervorragende Beilage zu allen Arten von geräuchertem Fisch, wie Lachs und Forelle.

Und natürlich zu Caviar. Die kleinen Fischeier sind für viele ein Luxussymbol, für das sie viel Geld zahlen, auch wenn es ihnen nicht einmal so besonders gut schmeckt. Nur – wenn Sie wirklich einmal das Geld für so ein Luxusessen hinlegen wollen, dann kaufen Sie russischen oder persischen Sevruga-Caviar in der Blechdose, nicht aus dem Preßglas. Der Beluga ist teurer, sieht edler aus, kommt aber geschmacklich nicht heran. Stellen Sie die Originaldose Sevruga einfach in eine Schale mit zerstoßenem Eis, servieren Sie die warmen Blinis nur mit Butter bestrichen und köpfen Sie dazu eine Flasche trocknen Rieslingsekt oder Champagner. Übrigens: Mit »C« darf sich nur russischer und persischer Caviar schreiben. Alle anderen beginnen mit »K«.

Nicht so teuer, aber ebenso delikat und festlich ist ein Kaviarfrühstück, wie wir es uns zu besonderen Gelegenheiten gönnen. Wir kaufen kleine Döschen roten Keta-Lachs-Kaviar, gelben Forellen-Kaviar und schwarzen Kaviar. Ich nenne sie Kaviar, obwohl es genaugenommen Fischrogen sind. Was soll's. Spaß und Geschmack sind entscheidend. Die Döschen kommen auf zerstoßenes Eis in die Mitte. Drumherum kleine Schälchen mit einem gekochten feingehackten Ei, einer feingehackten milden Zwiebel und einem viertel Liter Crème fraîche. Jeder gibt sich auf den Teller ein Blini, bestreicht es dünn mit einer der Kaviarsorten, und ebenso dünn nacheinander mit Crème fraîche, Zwiebel und Ei. Nach diesem delikaten Sonntags-Luxus-Frühstück sind wir anschließend noch nie spazierengegangen – da legst' di' nieder, zu zweit.

Für ein verliebtes Frühstück gibt es noch andere Möglichkeiten. Zum Beispiel braucht man nur die Zutaten, die man beim Frühstück liebt, anders zu servieren oder zu verfeinern. Einfach Wurst- oder Käsebrote entrinden und mit Gurken, Oliven oder Kräutern dekorieren – schon sind es nette Kanapees. Oder man schneidet die Brote, Wurst und Käse in Herzform aus. Quark und Joghurt können Sie mit kleinen Früchten verfeinern. Frische Himbeeren unter Johannisbeergelee oder Pflaumenmus mit einem Schuß Rum sind andere Veredelungsvorschläge. Probieren Sie es einfach: Die Liebe setzt viel Kreativität und Phantasie frei.

Feines Geflügel

Auch hier gilt die Devise: Wenn Sie sich schon einmal die Arbeit machen, ein Federvieh zu kochen, dann kaufen Sie es frisch auf dem Markt oder bei einem Spezialhändler. Achten Sie darauf, daß das Tier sauber ausgenommen wurde und die Innereien mitgeliefert werden. Entweder verwendet man sie für eine Füllung oder macht sich daraus ein kleines Ragout.

Außerdem benötigen Sie einen (möglichst schmiedeeisernen) Schmortopf mit Deckel und zum Zerlegen entweder ein sehr scharfes Messer oder noch besser eine Geflügelschere. Und Sie brauchen Zeit. Hühner und Enten sind zwischen ein und zwei Stunden im Ofen, große Gänse sogar drei. Wenn Sie so ein Tier in Ruhe vorbereitet haben, können Sie es bis zu drei Stunden zugedeckt in der Küche ruhen lassen, und dann entsprechend Ihrem Zeitplan rechtzeitig mit dem Braten beginnen.

Versuchen Sie erst einmal ein leichtes, aber exquisites Rezept:

Tomaten-Huhn

Zutaten:
4 Hühnerbrüste,
1 Eßlöffel Mehl,
Salz, Pfeffer,
2 Eßlöffel Butter,
200 g Tomaten,
½ Teelöffel Paprika edelsüß,
⅛ l süße Sahne,
1 Eßlöffel Cognac

Zubereitung:
Die Bruststücke mit kaltem Wasser abspülen und trockentupfen. Mit Salz und Pfeffer einreiben und mit Mehl bestäuben. Die Tomaten kurz in kochendes Wasser tauchen, enthäuten, entkernen und in Würfel schneiden. Die Butter in einer Pfanne erhitzen und die Hühnerstücke von allen Seiten anbraten, bis sie Farbe angenommen haben. Tomatenstücke, Paprika und etwas Salz zufügen und zugedeckt 10 Minuten schmoren lassen. Dann die Sahne und den Cognac zufügen und weitere 5 Minuten offen einkochen lassen. Zu Reis oder Toast servieren.

Ebenfalls leicht zu kochen ist dieses raffiniert-delikate Rezept:

Hähnchen in Essigsoße

Zutaten:
1 Hähnchen, vom Händler in acht Stücke geschnitten,
150 Gramm Butter,
1 weiße Zwiebel, fein gehackt,
¼ Liter Weißweinessig,
Salz, Pfeffer

Zubereitung:
In einer großen Pfanne 100 Gramm der Butter auf kleiner Flamme erhitzen. Die Geflügelteile mit Salz und Pfeffer von beiden Seiten würzen und in der Butter braten, bis sie Farbe angenommen haben. Die Butter darf dabei nicht braun werden. Die angebratenen Hähnchenstücke und die Hälfte der Butter mit einem Schöpflöffel in einen Schmortopf mit Deckel geben und im vorgeheizten Ofen bei etwa 190 Grad 20 Minuten weiterschmoren lassen.
Die Zwiebel in der Pfanne in der Butter unter ständigem Rühren glasig braten. Den Bratensatz mit dem Essig loskochen, die Hitze auf drei stellen und die Flüssigkeit auf die Hälfte einkochen. Die Pfanne vom Herd nehmen und die

restlichen 50 Gramm Butter mit dem Schneebesen in der Soße aufschlagen. Die gebundene Soße über die Hähnchenteile gießen und servieren. Dazu paßt Reis oder Kartoffelpüree.

Hühnerbrust in Blätterteig

Zutaten für zwei Personen:
4 Hühnerbrustfilets,
2 Eßlöffel Moutarde de Meaux Pommery (oder ein anderer Weinsenf),
Salz, Pfeffer,
80 g fetter Räucherspeck,
1 Packung tiefgekühlter Blätterteig,
1 Ei

Zubereitung:
Die Brustfilets kalt abspülen und trockentupfen. Dünn mit dem Senf bestreichen, leicht salzen und pfeffern. Den Speck fein würfeln, ausbraten und das Fleisch darin von jeder Seite drei bis vier Minuten braten. Herausnehmen und auf Küchenpapier abtropfen und erkalten lassen. Den Blätterteig auftauen lassen und vier Platten auf einem bemehlten Brett ausrollen. Den restlichen Teig zum Dekorieren in

zwölf gleichmäßige Streifen schneiden.

Je ein Hühnerbrustfilet auf eine Hälfte eines Rechtecks legen, die Ränder mit verquirltem Eiweiß bestreichen und die zweite Hälfte darüberklappen. Die Form mit dem Teigrädchen ausradeln und die Ränder fest andrücken. Je drei Blätterteigstreifen mit Eiweiß bestreichen und auf die Teigtaschen setzen. Danach die Taschen mit dem verquirlten Eigelb bepinseln. Mit einer Nadel kleine Löcher einstechen, damit der Dampf entweichen kann. Im vorgeheizten Backofen bei 225 Grad auf einem mit etwas Wasser besprengten Blech 20 Minuten backen und heiß serviveren. Dazu paßt Johannisbeergelee und ein frisches Gemüse, das entweder selbst Saft abgibt oder mit einer Soße serviert wird. Zum Beispiel die Apfel-Möhren Seite 46.

Wirsinghuhn

Zutaten:
1 Huhn (etwa 1 000 g),
2 Scheiben Ingwerwurzel,
6 Frühlingszwiebeln,
3 Teelöffel Salz,
1 000 g Wirsing,
1 Teelöffel Glutamat,
Salz, Pfeffer,
6 Eßlöffel trockener Sherry

Zubereitung:
Das Huhn sorgfältig säubern und für zehn Minuten in einen großen Topf mit kochendem Wasser legen. Dann abtropfen lassen, mit dem Ingwer sowie den grob gehackten Zwiebeln füllen und von außen mit drei Teelöffeln Salz bestreuen. Das Huhn in eine feuerfeste Form legen, mit einem halben Liter Wasser bedecken und offen eine halbe Stunde dämpfen. Den Wirsing in einzelne Blätter brechen, waschen und damit das Huhn rundherum, auch an der Unterseite, einhüllen. Mit dem Glutamat bestreuen, salzen, pfeffern und mit Sherry beträufeln. Die Form mit Alufolie (!) – nicht mit einem Deckel – verschließen und das Huhn weitere vierzig Minuten dämpfen. Dann sofort auftragen und dazu Reis und Weißwein servieren.

Huhn mit Orangen

Zutaten:
1 Huhn von etwa 1 kg,
Salz, Pfeffer,
1 große Zwiebel,
50 g Butterschmalz,
¼ l trockener Weißwein,
¼ l Hühnerbouillon,
Saft von vier ausgepreßten Halbblutorangen,
Schale einer unbehandelten Orange,
3 Eßlöffel saure Sahne,
1 Teelöffel Cointreau

Zubereitung:
Zunächst das Huhn innen und außen kalt abspülen, abtrocknen und innen und außen mit Salz und Pfeffer einreiben. Die Zwiebel in Scheiben schneiden. In einem Schmortopf das Butterschmalz bei starker Hitze zerlaufen lassen und dann das Huhn unter mehrmaligem Wenden anbraten, bis es braun ist. Den Weißwein zugießen und ihn um ein Viertel einkochen lassen. Jetzt die Zwiebeln mitschmoren, die Hühnerbrühe und einen Eßlöffel Orangensaft zugeben. Den Deckel auflegen und das Ganze rund eineinviertel Stunden schwach köcheln lassen.
Die Orangenschale, von der die weiße Haut ganz entfernt

sein soll, in kleine Streifchen schneiden. Das Huhn aus dem Topf nehmen und warm stellen. Die Schmorflüssigkeit durch ein Sieb in einen kleinen Topf geben. Den restlichen Orangensaft zufügen, einmal aufkochen, den Topf zur Seite stellen und schnell den Sauerrahm unterrühren. (Sollten Sie zu saure Orangen erwischt haben, können Sie auch süße Sahne nehmen.) Dann die Orangenschalenstreifchen hineingeben und mit dem Cointreau abschmecken. Das Huhn auf einer Platte anrichten und die Soße drum herum geben.

Wichtig ist, daß Sie auch für dieses Rezept ein frisches Huhn kaufen. Bei einem gefrorenen können Sie bei dieser Zubereitung nur das Fleisch essen – die Haut bekommt die Konsistenz des berüchtigten Gummiadlers von Huhnvater Jahn ...

Für dieses Rezept brauchen Sie unbedingt frischen Salbei. Aber dann schmeckts ...

Huhn mit Salbeifüllung

Zutaten:
1 Huhn von etwa 1 kg,
1 Brötchen,
1 Tasse Milch,
2 Knoblauchzehen,
1 Eßlöffel grob gehackte Salbeiblätter,
⅛ l Weißwein,
1 Zwiebel feingehackt,
Hühnerherz und Leber feingehackt,
1 Eigelb,
3 Eßlöffel Olivenöl

Zubereitung:
Das Huhn innen und außen abspülen, abtrocknen, mit Salz und Pfeffer innen und außen einreiben. Das Brötchen zehn Minuten in lauwarmer Milch einweichen und ausdrücken. Dieses in einer Schüssel mit Herz, Leber, Zwiebel, Salbei, Salz, Pfeffer und den ausgedrückten Knoblauchzehen vermengen. Das Huhn damit füllen und zunähen. Das Öl in einer Kasserolle stark erhitzen und das Huhn darin von allen Seiten goldbraun anbraten. Mit dem Wein ablöschen und etwa 40 Minuten zugedeckt bei kleiner Hitze schmoren. Hin und wieder umrühren und das Fett abschöpfen. Das Huhn herausnehmen, zerteilen und anrichten.
Den Bratensaft über die Füllung gießen und Reis dazu servieren.

Schmorhuhn mit Zwetschgensoße

Zutaten fürs Huhn:
80 g Butter,
Salz, Pfeffer,
1 Huhn, etwa 1 000 g,
50 g magerer Speck,
500 g Kartoffeln,
in kleine Würfel geschnitten,
10 kleine Zwiebeln,
1 Bund Petersilie

Zutaten für die Soße:
½ l Wasser,
250 g feste Zwetschgen,
1 geschälte Knoblauchzehe,
3 Eßlöffel feingehackte Petersilie,
etwas Salz,
1 Prise Cayennepfeffer,
2–3 Eßlöffel Zitronensaft

Zubereitung des Huhns:
Die Butter in einem nicht zu großen Schmortopf erhitzen und das mit Salz und Pfeffer eingeriebene Huhn hineinlegen. Von allen Seiten auf dem Herd kurz anbraten und dann zugedeckt im Backofen weitergaren lassen. Immer wieder umwenden und mit dem eigenen Saft begießen.
Nebenbei den Speck in kleine Würfel schneiden und zehn Minuten in kochendem Wasser blanchieren. Dann abtropfen lassen. Danach die Kartof-feln und Zwiebeln ebenfalls im Wasser blanchieren, bis sie fast gar sind.
Wenn das Huhn halb gar ist (je nach Größe und Alter nach 30 bis 35 Minuten), Speck, Kartoffeln und Zwiebeln ebenfalls in den Schmortopf geben. Diesen wieder in den Ofen schieben (bei 200 Grad), damit das Gemüse in dem Fett leicht anbrät. Dabei immer wieder das Huhn begießen und rund 30 Minuten im Ofen lassen.

Zubereitung der Soße:
Das Wasser zum Kochen bringen und die Zwetschgen hineingeben. 15 Minuten sprudelnd kochen lassen, bis die Zwetschgen weich sind. Die Zwetschgen abgießen und den Saft in einer Schüssel auffangen und beiseite stellen. Mit einem scharfen Messer die Kerne aus den Zwetschgen herausschneiden. Zwetschgen, Knoblauch und Petersilie in einen elektrischen Mixer geben und pürieren. Dabei nach und nach den Zwetschgensaft hinzufügen, bis die Masse zu einer sämigen Soße geworden ist.
Diese in einen Topf geben und salzen und pfeffern. Bei starker Hitze zum Kochen bringen, von der Platte nehmen

und den Zitronensaft darunterrühren. Etwas abkühlen lassen und für jede Person in ein kleines Schälchen füllen.
Das Huhn wird im Schmortopf serviert und kurz zuvor noch mit der gehackten Petersilie bestreut. Wie eingangs erwähnt, stippt man das Hühnerfleisch vor jedem Bissen in die Zwetschgensoße. Dazu schmeckt am besten dunkles Bier.

Ein leichtes Rezept – wichtig ist nur, daß Sie beim Einkaufen der Ananas ein wenig aufpassen. Wenn sie intensiv duftet, muß sie auch bald verarbeitet werden. Und vielleicht noch daran denken, daß die Hälfte einer Ananas in den Abfall kommt: Das harte Mittelstück muß raus und die Schale großzügig abgeschält werden. Der Rest schmeckt dann vorzüglich.

Ananas-Ente

Zutaten:
1 Ananas,
1 Ente,
1 Eßlöffel Öl, ¼ l Rotwein,
½ Teelöffel Salz,
1 Messerspitze weißer Pfeffer,
Saft einer halben Zitrone,
1 Eßlöffel Tapioka- oder Pfeilwurzmehl,
Saft und abgeriebene Schale einer Orange

Zubereitung:
Die Ananas in Scheiben schneiden, schälen und den Strunk aus der Mitte schneiden. Zwei Scheiben in kleine Stücke zerteilen und zur Seite stellen. Die restliche Ananas in einem Sieb ausdrücken und den Saft auffangen.
Den Backofen auf 200 Grad vorheizen. Die Ente in vier Teile zerlegen, mit dem Öl bepinseln und in eine Reine legen. Rotwein, Ananassaft, Salz, Pfeffer und Zitronensaft vermengen und über die Ententeile gießen. Im Backofen etwa 30 Minuten braten. Immer wieder mit dem eigenen Saft begießen. Die Speisestärke mit dem Orangensaft verrühren. Dazu kommen zwei bis drei Eßlöffel vom Bratensaft und etwa ein achtel Liter Wasser. Die Flüssigkeit unter ständigem Rühren erhitzen, bis sie anfängt dicklich zu werden. Die geriebene Orangenschale und die beiseite gestellten Ananasstücke in die Soße geben und drei Minuten mitköcheln lassen. Dann alles in der Reine mit dem verbliebenen Bratensaft verrühren.

Ein Festmahl ist die

Ente mit Sauerkirschen
(siehe Foto Seite 93)

Zutaten:

1 Ente von ca. 1 000 bis
1 500 Gramm,
Salz,
1 Messerspitze gemahlener
Piment,
4 Schalotten (oder ganz frische Frühlingszwiebeln),
4 cl Portwein,
¼ l Wasser,
1 gestrichener Teelöffel Stär-
kemehl,
1 Glas Sauerkirschen (ca.
350 Gramm Fruchteinwaage),
1 Prise gemahlene Nelken,
1 Eßlöffel Zitronensaft

Zubereitung:

Die Ente unter fließendem
kalten Wasser gründlich innen
und außen waschen und mit
Küchenkrepp abtrocknen.
Dann innen und außen mit
Salz und Pfeffer einreiben. Die
Öffnungen mit Küchengarn
oder starkem Nähfaden zunähen. Die Flügel in den Gelen-
ken drehen und unter den
Rücken legen. Die Keulen
werden fest an den Körper gedrückt und Flügel und Keulen
in dieser Lage mit Küchengarn festgebunden.
Die Ente in einen Eisentopf

oder eine Bratreine legen, die
geschälten und geviertelten
Schalotten zugeben und so
viel Wasser zugießen, daß der
Boden etwa einen Zentimeter
hoch bedeckt ist.
In den auf 240 Grad vorgeheizten Ofen stellen. Unter
mehrfachem Wenden und Be-
gießen mit dem eigenen Saft
in etwa einer Stunde braten.
Die Ente aus der Pfanne nehmen und warm halten.
Das Fett aus der Pfanne abschöpfen. Die Pfanne auf die
heiße Herdplatte stellen und
den Bratensatz ablösen, indem der Portwein hineinge-
gossen wird. Mit einem Holzlöffel eventuell den Satz etwas
abkratzen. Dann einen viertel
Liter Wasser zugießen und bei
höchster Herdhitze die Flüssigkeit um die Hälfte einkochen. Zusammen mit den ver-
kochten Schalotten durch ein
Sieb in einen anderen Topf
drücken und aufkochen. Vier
Eßlöffel vom Sauerkirschsaft
aus dem Glas mit dem Stärke-
mehl verquirlen und dann mit
der Soße verrühren. Die Soße
dann mit Salz, Piment und
eventuell noch etwas Portwein abschmecken.
Die Sauerkirschen abtropfen
lassen und den restlichen Saft
mit einer Prise gemahlener
Nelken und dem Zitronensaft

einkochen. Kurz vorm Servieren die Sauerkirschen darin für eine Minute erhitzen. Ente mit den Sauerkirschen umranden und die Soße separat auf den Tisch bringen. Dazu paßt Kartoffelpüree und ein guter Rotwein.

Wer vor allem die knusprige Haut der Ente schätzt, kann mit diesem alten chinesischen Rezept verwöhnen:

Honig-Ente

Zutaten:
1 Ente von ca. 1 500 Gramm,
1 Knoblauchzehe,
2 Frühlingszwiebeln,
3 Eßlöffel Sojasoße,
3 Eßlöffel trockener Sherry,
2 Eßlöffel Honig,
¼ l kochendes Wasser

Zubereitung:
Die Ente innen und außen mit fließendem kaltem Wasser waschen und trockentupfen. Innen und außen mit etwas Salz einreiben. Den Backofen auf 180 Grad vorheizen. Knoblauch und Zwiebeln fein hakken und mit dem Sherry und der Sojasoße vermischen. Die Menge halbieren – die eine Hälfte mit dem Honig

verrühren und die Ente damit einreiben. Wenn die Haut nach einigen Minuten trocken ist, noch einmal einreiben. Den Rest aufheben.
Die andere Hälfte der Soja-Sherry-Mischung in die Bauchhöhle der Ente geben und die Öffnung vernähen. Die Ente auf den Bratenrost legen und darunter die Fettpfanne stellen, die zwei Zentimeter hoch mit Wasser gefüllt ist.
Die Ente in etwa einer Stunde gar braten und dabei immer wieder mit der übrigen Honigmischung, die vorher mit einem viertel Liter heißem Wasser »verlängert« wurde, bestreichen.
Die Ente wird »pur« oder mit etwas Reis serviert – und schmeckt himmlisch.
In Frankreich habe ich eine interessante Abwandlung dazu kennengelernt. Dort wurde der Honig-Bratensaft zum Schluß mit ⅛ Liter Weißwein und ⅛ Liter süßer Sahne aufgekocht. Sowie die Soße leicht dicklich wird, kamen dann noch 200 g entkernte, halbierte Weintrauben in die Soße. Das schmeckt dann zwar nicht mehr chinesisch, aber auch verflixt gut. Vor allem zu einem feinen Bordeaux.

Das nächste Rezept ist teuer und ein reines Festessen. Doch einmal im Jahr sollte man sich etwas Besonderes leisten – und das ist eine Gans in jedem Fall.

Gute Gänse gibt's nur von November bis Januar. Also, lassen Sie sich verführen. Sie werden es nicht bereuen – wenn Sie vom Einkauf bis zur Zubereitung einige wichtige Tips beachten.

Zuallererst brauchen Sie einen vertrauenswürdigen Geflügelhändler. Denn frische Gänse gibt es in der Weihnachtszeit nur auf Vorbestellung.

Kaufen Sie niemals eine tiefgefrorene! Das ist rausgeworfenes Geld. Sie können an diesem Eisklumpen das Alter nicht feststellen. Deshalb ist es leicht, Ihnen geflügelte Urahnen anzudrehen.

Bei den frischen unterscheidet man zwischen der Mast- und Frühmastgans. Erstere wiegt bis zu sieben Kilogramm und lohnt sich nur für Großfamilien. Das gilt auch für die sogenannte Hafermastgans, die bei uns vor allem aus Polen importiert wird. Ich würde sie nur für die Verarbeitung in einer Bouillabaisse empfehlen. Sie riecht oft dermaßen nach Fischmehl, daß man gleich einen alten Karpfen essen kann.

Bestellen Sie eine Frühmastgans, die nicht älter als fünf Monate ist und höchstens zwei bis drei Kilo wiegt. Wenn Sie die bei Ihrem Händler abholen, dann beachten Sie folgendes: Die Haut muß weiß sein, frei von Flecken und blauroten Verfärbungen. Die Gurgel ist leicht einzudrücken, die Schwimmhäute lassen sich ohne Anstrengung einreißen, die Nägel sind spitz, aber weich. Es ist zwar paradox, daß man für eine gute Gans einen Schweinepreis bezahlen muß, aber Weihnachten ist nur einmal. Und die ganze Arbeit mit dem Festbraten ist für die Katz, wenn Sie beim Gänseeinkauf nicht aufpassen oder an der falschen Stelle sparen.

Noch etwas zu den Portionen im nachfolgenden Rezept. Eine Gans von eineinhalb bis zwei Kilo sättigt zwei gute Esser vollkommen, reicht aber auch – bei entsprechenden Beilagen – für vier Personen. Das Rezept stammt aus Ostpreußen und ist dort seit über 200 Jahren Tradition, es wurde allerdings von meiner

Ente mit Sauerkirschen
Rezept Seite 90

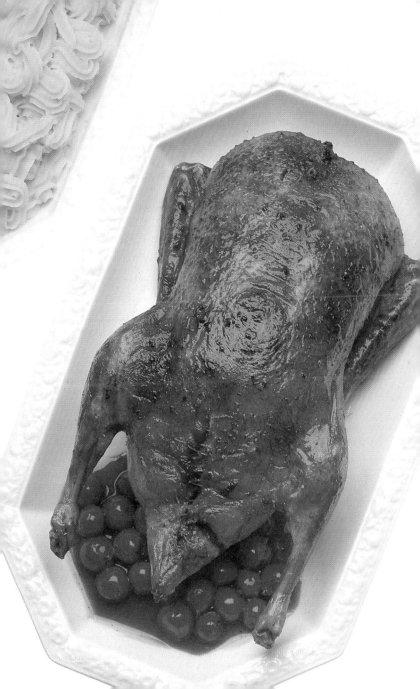

Großmutter noch etwas weiterentwickelt und verfeinert. Also, hier ist sie, die

Weihnachtsgans

Zutaten:
1 junge Gans von etwa zwei Kilo,
Salz, Pfeffer,
80 g Toastbrot,
1 Tasse Milch,
100 g Butter,
3 Schalotten,
1 Zwiebel,
4 Hühnerlebern,
3 cl Cognac,
80 g fetter Speck,
2 Messerspitzen geriebene Muskatnuß,
1 Teelöffel gehackte Petersilie,
3 frische Salbeiblätter,
2 Eier,
4 saure Äpfel (Boskop)

Zubereitung:
Die Gans ausnehmen und das Gänseklein und auch den Flomen im Kühlschrank aufbewahren. Nur die Leber wird für die Füllung verwendet. (Ein guter Händler nimmt die Gans vorher aus und gibt Ihnen das Gänseklein mit.)
Die Gans innen und außen sauber waschen, abtrocknen und auf Küchenkrepp legen. Innen und außen mit Salz und Pfeffer einreiben. Dann erst die Füllung zubereiten. Das Toastbrot entrinden und in der Milch einweichen. In einer Pfanne (mit Deckel) ein Viertel der Butter bei mittlerer Temperatur schmelzen. Die feingeschnittenen Schalotten und Zwiebel darin weich dünsten, aber nicht anbraten. Die Gänseleber und die Hühnerleber grob hacken und in die Pfanne geben. Den Herd auf höchste Hitze schalten, die Lebern kurz so anbraten, daß sie innen noch roh bleiben. Dann den Cognac darübergießen, mit einem Streichholz anzünden und sofort den Deckel auf die Pfanne, damit die Flamme gleich erlischt. So erhalten Sie ein feines Cognac-Aroma und keinen penetranten Alkoholgeschmack.
Den Pfanneninhalt in ein Sieb über einer großen Schüssel kippen und mit einem Holzlöffel durchpassieren. Das eingeweichte und ausgedrückte Toastbrot in die Masse geben. Den Speck durch einen Fleischwolf drehen (grobe Scheibe oder einfach eine Reibe nehmen) und zu der Masse geben. Mit Muskatnuß, Petersilie, gehackten Salbeiblättern, Salz und Pfeffer würzen. Die Eier hineinschlagen und mit einem Holzlöffel die Masse durchmischen.

Die Äpfel schälen, vierteln und entkernen. In kleine Scheiben schneiden und in etwas Butter nicht zu weich dünsten. In die Lebermasse schütten und diese noch einmal durchrühren. Einen kleinen Topf mit Salzwasser zum Kochen bringen, einen Löffel von der Masse darin pochieren und dann probieren. So wissen Sie, ob Sie eventuell noch nachwürzen müssen. Die Gans mit der Masse füllen. Aber nicht zu voll und stramm, sonst kann sie beim Braten platzen. Sollte Füllung übrigbleiben, können Sie sie in Butter dünsten. Das gibt einen herrlichen Brotaufstrich. Nach dem Füllen die Öffnungen der Gans mit Küchengarn zunähen und die Flügel auf den Rücken drehen.

In die Fettpfanne etwa einen Zentimeter hoch heißes Wasser gießen und die Gans mit der Brust nach unten hineinlegen. Noch mal salzen und mit der restlichen Butter begießen. Bei 200 Grad in den Ofen schieben. Unter häufigem Begießen mit dem eigenen Saft über 50 Minuten braten. Wenn der Rücken leicht gebräunt ist, die Gans umdrehen und ca. 90 Minuten weiterbraten. Immer wieder beschöpfen. Zur Garprobe mit einer Nadel nicht irgendwo in die Haut, sondern in die Keule stechen. Der austretende Fleischsaft muß farblos sein. Ist er rosa, muß die Gans noch weitergebraten werden. Ist die Haut nicht kroß genug, bepinseln Sie sie am besten mit kaltem Salzwasser und schalten für zehn Minuten auf höchste Temperatur.

Wenn die Gans fertig gebraten ist, sollte sie noch zehn Minuten nachgaren. In dieser Zeit den größten Teil des Bratfettes abschöpfen und den Rest mit einer viertel Tasse Kalbsfond oder auch nur mit Wasser loskochen und in einer vorgewärmten Sauciere servieren. Ich habe noch einen Trick, den meine Großmutter allerdings ablehnt: Ich koche die Soße mit zwei Eßlöffeln Kalbsfond und dem Saft einer halben Orange los. Das ergibt einen pfiffigen Geschmack. Zur Gans gibt's bei mir – ganz traditionell – Kartoffelknödel. Sonst nichts. Denn der feine Apfel-Leber-Geschmack der Füllung und das würzige Gänsefleisch gehen bei den »klassischen Beilagen« wie Rotkraut oder Maronen verloren. Übrigens: Aus dem Flomen und dem abgeschöpften Bratfett mache ich mir ein delikates Gänseschmalz.

Als Vorspeise empfehle ich Ihnen, das Gänseklein zu einer Suppe zu verarbeiten. Sie läßt sich einfach vor- und zubereiten:

Gänsekleinsuppe

Zutaten für vier Personen:
Gänseklein (Hals, Flügel, Magen, Herz),
2 Zwiebeln,
3 Knoblauchzehen,
Salz,
2 Teelöffel gemahlener Ingwer,
2 Eßlöffel Mehl,
1 Eßlöffel gehackte Petersilie

Zubereitung:
Das Gänseklein in heißem Wasser kurz blanchieren, herausnehmen und abtropfen lassen. Zwiebeln und Knoblauchzehen klein schneiden und zusammen mit dem Gänseklein in eineinhalb Liter Wasser aufsetzen. Mit Salz und Ingwer würzen und auf kleiner Flamme weich kochen.
Das Gänseklein herausnehmen. Das Mehl mit etwas Wasser anrühren und die Suppe damit binden, dann im Mixer glattpürieren. Dann wieder in den Topf geben.
Den Magen enthäuten und mit dem Herz in kleine Würfel schneiden. Das Fleisch von den Flügel- und Halsknochen lösen und mit der Haut durch die große Scheibe des Fleischwolfs drehen oder mit dem Messer sehr fein hacken. Alles in die Suppe geben und diese vor dem Servieren noch einmal erhitzen. Mit Petersilie bestreut, gibt das einen guten Vorgeschmack auf den Hauptgang.

FASAN

Eigentlich zählt der Fasan schon zur Abteilung »Wild«. Da er aber mein Lieblingsgeflügel ist, habe ich ihn bei den gefiederten Delikatessen eingereiht. Allerdings sollten Sie ihn nur zwischen Oktober bis Ende Dezember kaufen, da ist er zum Abschuß freigegeben. Da frische Fasane meistens in ihren Federn verkauft werden, sollten Sie einen Händler suchen, der die Tierchen vorher rupft und absengt.

Geschossene Fasane müssen ein paar Tage in ihren Federn bleiben. Nur dann entwickeln sie ihren Eigengeschmack. Lassen Sie sich beim Einkauf also nicht von dem manchmal herben Geruch der Tiere irritieren.

Fasan mit Pilzen

Zutaten für zwei Personen:
1 junger Fasan,
1 große Scheibe Speck, frischen, ungeräucherten,
Salz, weißer Pfeffer,
160 g Butter,
1 Eßlöffel Öl,
¼ l Riesling (Elsässer Wein),
¼ l Kalbsfond (oder Instantbrühe),
400 g Pfifferlinge,
75 g süße Sahne (halber Becher),
1 Eßlöffel gehackter frischer Kerbel

Zubereitung:
Den Fasan innen und außen gründlich säubern und mit Küchenkrepp trocknen.

Die Speckscheibe auf die Brust legen und mit Küchengarn (wie Huhn oder Ente) zusammenbinden. Die Brust trocknet beim Braten leicht aus.

Der Fasan wird nicht gefüllt, sondern nur innen und außen mit Pfeffer und Salz eingerieben.

80 Gramm Butter und das Öl in einem Schmortopf erhitzen und den Fasan darin im Ofen bei 180 Grad ca. 40 Minuten schmoren. Dabei immer wieder mit dem Bratensud begießen.

Den Fasan herausnehmen, Speck entfernen, und warm stellen. Das Fett abschütten, den Topf auf den Herd zurückstellen und die höchste Temperaturstufe einschalten. Die Bratrückstände mit dem Wein ablöschen und die Flüssigkeit einkochen lassen. Die Brühe (Fond) zugießen und ebenfalls einkochen. In der Zwischenzeit die gereinigten Pfifferlinge in einer Pfanne mit etwas Butter anbraten.

Zurück zur Soße: Die Sahne zugeben und zum Kochen bringen. Dann den Topf neben die Herdplatte stellen. Die restliche Butter, die sehr kalt sein soll, mit dem Schneebesen in die Soße rühren.

Den Fasan tranchieren und auf einer Platte anrichten. Die Pfifferlinge drumherum verteilen, etwas von der Soße darübergießen und mit Kerbel bestreuen. Die restliche Soße separat servieren.

Wenn Sie unbedingt Beilagen wollen, können Sie Butterkartoffeln reichen. Mir schmeckt's am besten mit einer Scheibe Weißbrot, um die Soße »aufstippen« zu können.

Zum Schluß noch ein Tip, der für jedes Geflügel gilt. Wenn Sie nicht sicher sind, daß das Federvieh frisch ist, sollten Sie das Tier mit 50 Gramm leicht gesalzener Butter füllen. Das verfeinert den Geschmack – auch bei tiefgefrorenem Geflügel.

Variante:

Fasan im Speckhemd

Sie können Fasane auch optisch raffinierter präsentieren. Allerdings ist es keine leichte Arbeit, aber sie erhöht den Geschmack.

Schneiden Sie etwa 200 g ungeräucherte fette Speckscheiben in 2 cm breite lange Streifen. Aus diesen Speckstreifen müssen Sie ein korbartiges Gebilde flechten und den Fasan damit rundherum belegen und das Speckhemd festbinden. Es sollen nur noch die Keulenenden zu sehen sein. Den Fasan damit, wie im vorhergehenden Rezept beschrieben, braten. Aber das Speckgebilde an dem Fasan lassen und ihn so servieren.

Der Speck hält das Fleisch saftiger und auch in der Zeit länger warm, in der Sie noch die Soße zubereiten.

Doch geht dieser ganze schöne Effekt flöten, wenn Ihnen Ihr Metzger einen geräucherten Speck angedreht hat.

Zum Fasan im Speckhemd paßt Weißbrot aber nicht so gut. Da sind Kartoffeln oder ein Püree besser geeignet. Und vor allem gehört ein milder badischer Wein dazu.

Mein zweites Lieblingsrezept kommt ebenfalls nur dann zu seiner vollen geschmacklichen Entfaltung, wenn der Fasan jung ist.

Wacholder-Fasan

Zutaten für zwei Personen:
1 Fasan,
Salz, schwarzer Pfeffer,
10 Wacholderbeeren,
1 Scheibe Speck, frischen, ungeräucherten,
1 Bund Suppengrün,
1 Zwiebel (ca. 50 g),
80 g zerlassene Butter,
⅛ l Rotwein (am besten Burgunder)

Zubereitung:
Den Fasan unter fließendem Wasser gründlich waschen und trockentupfen. Innen und außen kräftig mit Salz und Pfeffer einreiben.
Die Wacholderbeeren im Mörser zerstoßen und in den Fasan füllen. Die Speckscheibe auf die Brust legen und das Tier zusammenbinden. Suppengrün und Zwiebel in kleine Würfel schneiden. Das Gemüse in einer gebutterten feuerfesten Form gleichmäßig verteilen und den Fasan darauflegen.
Die Form mit dem Deckel verschließen und bei 180 Grad 30 Minuten braten. Dann den Deckel herunternehmen, die Speckscheibe entfernen und den Fasan weitere zehn Minuten braten. Dabei immer wieder mit der Butter begießen. Er darf nicht schwarz werden! Anschließend den Fasan herausnehmen, längs halbieren und warm stellen.
In der Zwischenzeit den Bratfond entfetten, mit dem Rotwein ablöschen, durch ein Sieb geben und über den Fasan gießen. Dazu schmecken gratinierte Kartoffeln oder kleine Kartoffelpuffer.
Für diejenigen, die sich Wild gar nicht mehr ohne Preiselbeeren vorstellen können, habe ich eine Alternative. Nehmen Sie entsteinte Sauerkirschen aus dem Glas. Rühren Sie Zitronensaft darunter, und kochen Sie das Ganze einmal kurz auf. Nehmen Sie nur ganz wenig Zucker. Der herb-süße Geschmack paßt viel besser zu den Tierchen.

In der Toskana gibt es noch wirklich wilde Fasane – und das ganze Jahr über frische Kräuter. Beides sind Voraussetzungen für das Gelingen dieses herrlichen italienischen Rezepts:

Fasan à la Toskana

Zutaten für zwei Personen:
1 Fasanenleber,
3 Eßlöffel Marsala,
1 Fasan,
Salz, Pfeffer,
1 Zweig Rosmarin,
1 Zweig Thymian,
8 Salbeiblätter,
4 Wacholderbeeren,
50 g Butter,
4 Scheiben Bauchspeck (italienischer Pancetta),
¼ l Rotwein (Barolo)

Zubereitung:
Die Leber sorgfältig reinigen und in einer Tasse mit dem Marsala begießen. Den Fasan waschen, trockentupfen und innen wie außen mit Salz und Pfeffer einreiben. Die Kräuter von den Zweigen zupfen und vermischen. Die Hälfte davon mit zwei Wacholderbeeren in den Bauch geben. In eine Kasserolle die Butter und eine Scheibe Bauchspeck geben. Der Fasan kommt mit dem Rücken nach unten darauf. Die Brust mit den restlichen Speckscheiben abdecken. Die Kasserolle gut verschließen und in den auf 180 Grad vorgeheizten Ofen schieben. Sie müssen immer wieder nachschauen und den Fasan im Topf wenden, bis er rundherum gleichmäßig gebräunt ist. Erst danach fügen Sie die Hälfte des Weins dazu. Nach etwa 15 Minuten Bratzeit geben Sie die restlichen Kräuter und Wacholderbeeren in den Topf, schalten den Ofen auf 130 Grad und lassen den Fasan bei geschlossenem Deckel noch 20 Minuten schmoren.
Den Fasan herausnehmen und warm stellen. Den Bratensaft durch ein Sieb gießen und die Flüssigkeit wieder in den Topf zurückgeben. Mit dem restlichen Wein die Soße aufkochen und mit Salz und Pfeffer abschmecken.
Die Leber und den Marsala im Mixer pürieren und unter die Soße rühren – sie darf jetzt nicht mehr kochen –, eventuell noch mit 20 Gramm Butter verfeinern. Über den tranchierten Fasan gießen. Die Italiener essen das Gericht pur. Nur für die Soße gibt's Weißbrot. Dazu trinken Sie den gleichen Wein, den Sie für die Soße verwendet haben.

... und Wild geht's weiter

Bei Reh und Hase gilt das gleiche wie beim Fasan und Geflügel – frisch muß die Ware sein. Leider werden bei uns meistens nur tiefgefrorene Tiere aufgetaut und mehr oder weniger heimlich als frisch verkauft. Da dieses Fleisch nicht gerade billig ist, und das Risiko, einen alten Hasen angedreht zu bekommen, ziemlich groß, beschränke ich mich auf ganz wenige Rezepte. Ich habe zwar einen ehrlichen Wildhändler. Aber der gilt nach Meinung anspruchsvoller Restaurant-Köche als deutsche Rarität. Sollte Ihnen das Glück einmal ebenfalls hold sein, dann probieren Sie zum Beispiel:

Eine Soße, die Sie zu allen Arten von Wild reichen können. Sie verwandelt allerdings auch ganz ordinäres Tellerfleisch oder gekochten Schinken in eine Delikatesse.

Wild-Schnittlauchsoße

Zutaten:
¼ l trockener Weißwein,
2 Eßlöffel Estragonessig,
25 g gehackte Schalotten
(oder milde Zwiebeln),
3 Eßlöffel süße Sahne,
250 g gesalzene Butter,
1 Eßlöffel scharfer Senf,
12 ganze rote Pfefferkörner,
1 Bund Schnittlauch

Zubereitung:
Weißwein, Essig und die Schalotten so lange einkochen, bis eine dickflüssige Masse entsteht. (Sollten Sie Bratfond von dem dazu gereichten Fleisch übrighaben, so geben Sie einen Eßlöffel davon in die Masse.) Nehmen Sie den Topf von der Herdplatte. Die Flüssigkeit darf nicht mehr kochen, soll aber heiß sein. Dann geben Sie nach und nach – immer dabei mit dem Schneebesen umrühren – die Sahne und die Butter in Stücken dazu. Wenn auch der Senf untergerührt ist, kommen zum Schluß die Pfefferkörner und der Schnittlauch hinein. Die Soße muß heiß serviert werden, aber der Schnittlauch darf nicht »zerkocht« sein.

Rehsteaks mit Zwetschgen

Zutaten:
2 Rehsteaks à ca. 150 g,
ca. ¼ l Öl (Oliven- oder Traubenkernöl),
150 g feste Zwetschgen,
Salz, Pfeffer,
1 Eßlöffel Butter,
100 g frische Preiselbeeren,
2 cl Cognac,
150 g Reis

Zubereitung:
Die Steaks eine Stunde in Öl einlegen. In der Zwischenzeit die Zwetschgen kurz in kochendes Wasser halten, die Haut abziehen, entkernen, halbieren und zur Seite stellen. Die Steaks abtupfen und in wenig Öl von jeder Seite etwa drei Minuten braten. Dann aus der Pfanne nehmen und erst jetzt salzen und pfeffern. Die Butter in einer Pfanne erhitzen (mittlere Temperatur), die Zwetschgen und zwei Eßlöffel der Preiselbeeren darin kurz andünsten. Die Rehsteaks dazugeben, mit erwärmtem Cognac übergießen und flambieren. Dazu den gekochten Reis servieren, der kurz vorher noch in heißer Butter zusammen mit den restlichen Preiselbeeren erhitzt wird.

Hasenrücken

Zutaten:
1 Hasenrücken,
Salz, Pfeffer,
1 Glas Dijon-Senf,
60 g Butter,
1 Zweig Thymian,
1 Lorbeerblatt,
1 Knoblauchzehe,
¼ l trockener Weißwein,
¼ l Crème fraîche

Zubereitung:
Das Fleisch salzen und pfeffern und rundherum mit Senf bestreichen. Die Butter in einem großen Topf zerlassen. Wenn sie schäumt, das Fleisch hineingeben. Thymian, Lorbeerblatt und Knoblauchzehe dazu.
Das Fleisch etwa 20 Minuten braten. Herausnehmen und warm stellen. Die Kräuter ebenfalls entfernen und wegwerfen. Den Bratensatz im Topf mit dem Weißwein ablöschen. Hitze runterschalten und die Crème fraîche in die Soße rühren. Eventuell noch etwas nachwürzen, aber nur mit Salz und Pfeffer. Mit einem sehr scharfen Messer das Fleisch zerlegen und die Soße darübergießen.
Servieren Sie dazu gratinierte Kartoffeln und Pilze. Und einen Rotwein oder Rosé.

Hase im Winterpelz

Zutaten:
1 Wirsing (ca. 1 000 g),
1 große Zwiebel,
6 Eßlöffel Schweineschmalz,
1 Stück Schinkenschwarte,
Salz, Pfeffer, Zucker,
2 Hasenrücken,
100 g Frühstücksspeck,
100 g Butter,
¼ l Bouillon,
¼ l Crème fraîche

Zubereitung:
Den Kohl in daumengroße
Streifen schneiden und in eine
große Pfanne geben, in der
vorher die kleingeschnittene
Zwiebel im Schweineschmalz
glasig gedünstet wurde. Schinkenschwarte und Salz dazugeben und den Wirsing bei milder Hitze in etwa 60 Minuten
gar dünsten. Dann mit Salz,
Pfeffer und einer Prise Zucker
abschmecken.
Während der Wirsingkochzeit
die Hasenrücken mit Haus-
haltspapier trockentupfen. Mit
den Frühstücksspeckscheiben
umwickeln. In einem großen
Bratentopf die Butter zerlassen, dann die Hasenrücken
hineingeben und von allen
Seiten anbraten. Mit der Brühe auffüllen und 30 bis 40 Minuten garen. Dann gießen Sie
den Bratensud durch ein Sieb
in einen Topf und verrühren
ihn mit der Crème fraîche.
Richten Sie die Hasenrücken
auf dem Wirsing an, reichen
Sie getrennt dazu die Soße
und (zum Beispiel) Petersi-
lienkartoffeln. Zum Hasen
schmeckt ein kräftiger Bor-
deaux-Rotwein.

Axel: Die tolle Frau von dem da

Das ist nicht nur die Überschrift des Kapitels – so redet man vor und hinter meinem Rücken über mich. Bei den männlichen Neidern geht es meistens um die Diskrepanz zwischen Christels Schönheit und meinem Aussehen – um meine inneren Werte zu erkennen, benötigen einige Leute eben einen Blindenhund.

Die Frauen zwischen 18 und 38 wälzen ganz andere Probleme. Einige sind neidisch, weil Christel trotz der vielen Kocherei nicht zunimmt (darauf bin ich genauso sauer). Aber der größte Teil der Damen sieht unsere Beziehung unter dem Aspekt »Frau verwöhnt Pascha«.

Das erzählte mir kürzlich in der Kneipe ein befreundetes Pärchen nach dem Genuß einiger Bierchen. Petra hatte nicht nur Bierschaum in den Mundwinkeln, als sie loslegte:

»Für dich dürfte es ja wohl die Erfüllung eines Männertraums sein – sich einfach an den gedeckten Tisch zu setzen und aufs feinste verwöhnen zu lassen.«

Ich protestierte: »Du hast ja keine Ahnung, was du da redest. In Wirklichkeit . . .«

Doch ihr Freund Michael unterbrach mich rüde:

»Für dich ist das ja auch nichts Besonderes mehr, so eine perfekte Freundin zu haben, die alles kann und für dich tut.«

»Was habt ihr denn plötzlich? Ich kann doch nichts für Christels Beruf. Und schon gar nichts für alle ihre anderen Qualitäten. Außerdem – beim Kochen wechseln wir uns seit einiger Zeit ab, da ich es selbst lernen will.«

»Und?« fragte Petra in lauerndem Tonfall, »ißt sie deine Sachen auch?«

»Na klar, erstens sind es meistens ihre Rezepte und zweitens decke ich vorsichtshalber immer genügend Wein und Brot.«

»Ha«, zischte Michael, »die ist froh, wenn sie wieder selbst kochen darf, wie? Und so zelebriert ihr zwei andauernd die erlesensten Diners!«

»Wißt ihr was? Ihr seid meschugge. Erlesene Diners, daß ich nicht lache. Die gibt's nur am Wochenende, wenn wir zu zweit kochen. Aber sonst – das ist eine reine Tortur.«

Sie begriffen es nicht, bis ich über den Alltag plauderte. Wenn Christel beispielsweise im November für den Mai Rezepte ausprobiert und entwickelt, bin ich das geduldigste Versuchskaninchen der Welt – und oft auch das hungrigste. Da gab es eines Abends einen Teller Möhrensuppe.

Sie stellte ihn vor mich, setzte sich mir gegenüber und sagte: »Probier mal!«

»Ißt du nichts davon?«

»Ich habe sie ja die ganze Zeit abgeschmeckt, ich bin satt.«

Ich nahm einen Löffel in den Mund und erstarrte. In kleinen Portionen schluckte ich runter: »Was ist das, um Himmels willen?«

»Möhren, Hühnerbrühe, Curry und Sahne.«

Da ich inzwischen genügend Erfahrung mit der Sensibilität der Künstlerin habe, formuliere ich meine Kommentare wie die Politiker bei Fernsehinterviews: »Hm, das ist eine interessante Komposition, wirklich. Aber irgendwie ist es nicht meine persönliche Richtung.«

»Könntest du dir vorstellen, daß die Suppe mit frischen zarten Mai-Möhrchen besser schmeckt?«

Bis zu diesem Moment wußte ich nicht einmal, daß es Mai-Möhrchen gibt. Für mich war Möhre immer Möhre. So erwiderte ich behutsam: »Das ist immerhin möglich.«

»Gut, dann probiere jetzt einmal dies hier – Lammragout mit Möhren. Du mußt dir allerdings vorstellen, daß im Frühjahr frische Kräuter statt der trockenen drin sind.«

Die Kräuter würden dann sicher besser schmecken, doch das Lamm und die Möhren rettete das auch nicht.

»Fein«, sprach ich, und nahm einen zweiten Bissen, »das hat Finesse. Aber du solltest etwas für deine Kolleginnen aufheben davon, ich bin nicht gerade die perfekte Testperson.«

Sie blickte nachdenklich auf meinen Teller und murmelte: »Normalerweise bist du das schon. Na gut, wenn du nicht weiteressen magst, dann probiere das Dessert. Geraspelte Möhren mit Rosinen und Quarkcreme.«

Davon schaffte ich immerhin drei Löffel, bis sie ein Einsehen hatte. Sie zog meinen Dessertteller zu sich, nahm einen Löffel, schmatzte nachdenklich und grinste dann: »Das war wohl alles ziemlich grauenhaft, nicht wahr?«

Ich atmete auf: »Du hast recht. Ein Butterbrot ist mir entschieden lieber.«

An diesem Punkt meiner Erzählung entdeckte ich das Mitleid in den Augen von Petra und Michael. Sie erklärte: »Ich begreife dich, ich kann Möhren nicht ausstehen. Wann war denn der Experimentierabend?«

»Gestern!«

Michael lachte: »Und danach habt ihr so einen Krach miteinander gehabt, daß du heute alleine in die Kneipe gehen mußtest.«

»Von wegen. Ich habe mir nur schnell den Bauch hier vollgeschlagen, da mich zu Hause die nächsten Möhren-Testessen erwarten.«

Petra kicherte: »Das ist das erste Mal, daß ich davon höre. Sonst ist es immer umgekehrt. Frau treibt Mann in Kneipe, weil sie zu gut kocht.«

Was ich beiden gegenüber nicht erwähnte: Christel hat so auch schon einige Restaurants kennengelernt – nachdem ich gekocht hatte ...

Lamm, unser Lieblingsfleisch

Ostern ist für Kinder die Zeit buntgefärbter Eier und dicker Schokoladenhasen. Doch die Erwachsenen erfreuen sich mehr und mehr an Lammgerichten. In Deutschland verzehnfachte sich der Absatz dieser zarten Tierchen in den letzten zwei Jahren. Zwar sieht man kaum noch Schafherden bei uns weiden, aber Importe aus Argentinien und Neuseeland füllen die Lücken auf. Trotzdem darf man sich nicht wundern: Ein Lammgericht ist kein billiges Vergnügen und sollte deswegen auch als Festmahl betrachtet werden.

Das Osterlamm – wie es die katholische Kirche eigentlich meint – besteht aus Zucker und Teig. Aber aus Fleisch ist es natürlich bekömmlicher, wenn man schon beim Einkauf beim Metzger weiß, worauf man achten muß.

Als Lamm gelten nur die bis zu einem Jahr alten Schafe. Zur Osterzeit gibt es die besonders teuren, aber auch guten, drei Monate alten Tiere. Die Faustregel lautet: Je heller das Fleisch, desto jünger das Tier. Konnte das Lamm dem Schlachter vorerst entkommen, dann wird es unter der Bezeichnung Hammel im Handel angeboten. Ideales Hammelfleisch stammt von zwei- bis vierjährigen Tieren. Alles, was älter ist, sollte man aus der Küche verbannen – es ist zäh und riecht leichter.

Unsere Rezepte sind zwar für Lämmer geschrieben, lassen sich aber auch mit Hammelfleisch zubereiten. Man muß sich nur vorher überlegen, ob man den zarten Lammgeschmack bevorzugt oder den etwas kräftigeren des Hammels. In den sogenannten Feinschmeckerkreisen wird darüber seit Ewigkeiten diskutiert. Ohne Ergebnis. Deswegen halte ich mich an die Angebotslage: Das beste Lammfleisch gibt's bis Ende Mai, und der Hammel schmeckt im Herbst am besten.

Die edelsten Teile sind Rücken und Keule; sie lassen sich auch am delikatesten zubereiten.

Einerseits ist es das ideale Fleisch für ein Essen zu zweit. Nur muß man sich erst einen Metzger suchen, der auch kleinere

Zarte Lammkeule, Rezept Seite 110

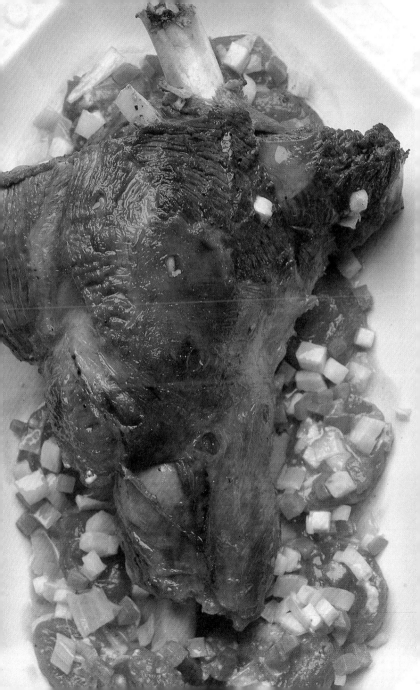

Keulen und Rückenstücke im Gesamtgewicht bis zu einem Kilo abgibt. Etwa ein Drittel des Gewichts stammt von den Knochen – der Rest ist ausreichend sättigendes Fleisch. Bei mir gibt's zum Lamm entweder nur Brot, mit Butter oder Knoblauch, oder gratinierte Kartoffeln (siehe Rezept Seite 62). Übrigens, die besten Lamm-/Hammel-Metzger finden Sie da, wo auch die Türken und Griechen einkaufen …

Und von den Griechen stammt auch das uralte Rezept für die Fünf-Stunden-Keule. Es ist ideal für eine gemütliche Runde von vier Leuten geeignet. Aber wir machen es oft für uns selbst und essen die Reste kalt oder wärmen sie kleingeschnitten in der Soße auf:

Zarte Lammkeule
(siehe Foto Seite 109)

Zutaten:
1 Lammkeule mit Knochen von ca. 1 Kilo,
4 große Knoblauchzehen,
3 Eßlöffel Olivenöl,
6 Blatt Salbei,
1 Zweig Rosmarin,
1 Bund Suppengrün,
2 halbierte Zwiebeln,
8 getrocknete Aprikosen,
1 Flasche französischen Rotwein,
2 Becher Crème fraîche oder saure Sahne,
Salz, schwarzer Pfeffer

Zubereitung:
Die fetteren Schichten mit einem scharfen Messer von der Keule schneiden. Mit einem spitzen Küchenmesser in das Fleisch ca. zwei Zentimeter tief einschneiden. Die Knoblauchzehen schälen und in spitze Stifte schneiden. Diese in die Fleischlöcher stecken und tief hineindrücken. Das Fleisch mit der Hälfte des Olivenöls massieren. Das Suppengrün kleinschneiden und mit den Zwiebeln in etwas Öl in einer Pfanne leicht anrösten. Das restliche Öl in einen großen Bräter geben und auf der Herdplatte stark erhitzen. Die Keule hineingeben und von allen Seiten scharf anbraten, bis sie gleichmäßig gebräunt ist. Den Backofen auf 150 Grad vorheizen. Das gebräunte Fleisch schließlich mit einem viertel Liter Rotwein löschen. Rosmarin, Salbei, Aprikosen, Zwiebeln und Suppengrün

um die Keule herumgeben und den Bräter zugedeckt in den Ofen stellen. Das Lamm muß nun jede Stunde umgedreht und auf der Oberfläche mit der Crème fraîche bestrichen werden. Dabei noch etwas Rotwein zufügen. Nach rund viereinhalb Stunden den Deckel abnehmen, den Rest vom Rotwein und vom ersten Becher Crème fraîche hineingeben. Nach fünf Stunden testen, ob sich das Fleisch mit einem Löffel vom Knochen lösen läßt – sonst die Bratzeit verlängern.

Die Keule vorsichtig aus dem Topf nehmen und auf einem Blech im Ofen bei nur noch fünfzig Grad warm halten. Den Bräter auf dem Herd erhitzen, etwas heißes Wasser zugeben und mit einem Holzlöffel den Bratensatz losschaben. Aufkochen lassen. Das Ganze entweder durch ein Sieb geben oder mit einem Pürierstab durchmixen. Zum Schluß den zweiten Becher Crème fraîche unter die Soße rühren und diese mit Salz und Pfeffer abschmecken. Die Keule im ganzen auftragen, die Soße extra. Jeder nimmt sich mit einem Löffel ein Stück Fleisch und stippt es in die Soße. Als Beilage gibt es angewärmtes Baguette.

Lamm mit Tomaten-Wirsing

Zutaten:
500 g Lammfleisch,
2 Eßlöffel Olivenöl,
1 Zwiebel,
1 Wirsing (1 000 g),
Salz, Pfeffer,
500 g Tomaten,
50 g geriebener Parmesan

Zubereitung:
Das Lammfleisch in grobe Würfel schneiden. Das Öl in einem Topf erhitzen und das Fleisch darin fünf Minuten anbraten. Die Zwiebel in Ringe schneiden. Den geputzten und gewaschenen Wirsing kleinschneiden – daumengroß – und beides zum angebratenen Fleisch geben. Mit Salz und Pfeffer kräftig würzen. ¼ Liter Wasser dazugießen und den Wirsing in 55 Minuten garen. Die Tomaten mit heißem Wasser überbrühen, abziehen und vierteln. Zehn Minuten vor Ende der Garzeit zum Wirsing geben. Das fertige Gericht mit Salz und Pfeffer noch einmal abschmecken, anrichten und mit dem geriebenen Käse überstreuen. Als Beilage dazu passen am besten Kartoffeln; als Getränk schmeckt ebensogut Bier wie auch ein kräftiger roter oder weißer Landwein.

Lammrücken mit Kräuterkruste

Zutaten:
2 Knoblauchzehen,
1 Teelöffel Salz,
1 Eßlöffel Kräutersenf,
¼ Teelöffel schwarzer Pfeffer,
1 kg Lammrücken,
2 Eßlöffel Butterschmalz,
2 Eßlöffel Kräuterbutter,
50 g Semmelbrösel,
5 Eßlöffel Herbes de Provence (fertige Kräutermischung)

Zubereitung:
Den Knoblauch zerquetschen und mit Salz, Senf und Pfeffer vermengen. Den Lammrücken damit kräftig einreiben und in einen Bräter legen. Das Butterschmalz separat gut erhitzen und über den Rücken gießen. Im vorgeheizten Ofen bei 250 Grad backen. In der Zwischenzeit aus Kräuterbutter, Semmelbröseln und Herbes de Provence eine Paste mengen. Nach 45minütiger Backzeit den Rücken damit bestreichen und noch einmal 15 Minuten in den Ofen stellen. Den Rücken mit Kartoffelgratin servieren.
Mit dem Lammrücken darf man nicht zu sehr experimentieren. Das heißt, der natürliche, feine Geschmack darf nicht durch übertriebenes Würzen mit Alkoholika oder Kräuteressig verhunzt werden. Allenfalls kann man den übrigen Bratenfond, sofern man ihn nicht in natura verwendet, noch mit vier Eßlöffeln Crème fraîche binden.

Lammragout Sardinien

Zutaten für zwei Personen:
50 g Olivenöl,
2 Knoblauchzehen,
2 Lorbeerblätter,
500 g Lammschulter (in 3 cm große Würfel geschnitten),
Salz, Pfeffer,
⅛ l trockener Weißwein,
200 g geschälte Tomaten,
100 g geriebener Schafskäse,
200 g kleine Grießnudeln

Zubereitung:
Das Öl in einer großen Pfanne erhitzen, die Knoblauchzehen darin zwei Minuten ziehen lassen, herausnehmen. Dann Lorbeerblätter hineingeben und die Fleischstücke darin anbraten. Mit Salz und Pfeffer würzen. Wenn das Fleisch beginnt braun zu werden, mit dem Weißwein alles löschen. Die Tomaten in Stücke schneiden und in die Pfanne geben. Rund drei Stunden alles schmoren lassen. Wenn die

Flüssigkeit verdampft ist, immer wieder mit Wein oder Wasser (oder Bouillon) nachgießen. In der letzten Viertelstunde den Käse daruntermischen. In der Zwischenzeit die Nudeln zubereiten. Diese in eine Schüssel geben und das Lammragout damit vermengen.

Das preiswerteste Fleisch ist die Lammbrust.
Die Iren benutzen sie für das berühmte Irish-Stew, die Franzosen für Ragout. Aber in Belgien geht man an die Brust anders ran:

Brüsseler Lammbrust

Zutaten:
500 g Lammbrust,
1 Teelöffel Salz,
½ Teelöffel schwarzer Pfeffer,
1 Brötchen,
1 große weiße Zwiebel,
2 Knoblauchzehen,
1 Sardellenfilet,
1 Eßlöffel gehackte Petersilie,
125 g grober Bratwurstteig,
1 Ei,
2 Eßlöffel Olivenöl,
2 geschälte Tomaten,
1 Möhre,
¼ l Rotwein,
¼ l saure Sahne

Zubereitung:
Die Lammbrust vom Metzger so entbeinen lassen, daß eine Tasche zum Füllen entsteht. Das Fleisch innen und außen mit Salz und Pfeffer einreiben. Brötchen in Wasser einweichen. Zwiebel und Knoblauch schälen und fein hacken. Auch das Sardellenfilet zerhacken. Das Brötchen gut ausdrücken und in eine Schüssel geben. Dazu kommen: Zwiebel, Knoblauch, Sardellenfilet, Petersilie, Bratwurstteig und Ei. Alles gründlich und lange vermischen, in die Lammbrust füllen und diese zunähen. Das Öl in einem Bräter erhitzen und die Lammbrust ringsum braun anbraten. Mit den Tomaten und der in Scheiben geschnittenen Möhre umgeben – das Gemüse kurz anrösten und dann mit etwas Rotwein löschen. Den Braten bei 180 Grad in den vorgeheizten Ofen schieben. Etwa 1½ Stunden braten und dabei nach und nach den Rotwein zugießen.
Den Braten herausnehmen und den Fond durch ein Sieb in einen Topf gießen. Eventuell entfetten (mit einem Papiertaschentuch). Die Sahne darunterrühren, mit Salz und Pfeffer abschmecken und separat zum Fleisch servieren.

Eine andere Delikatesse stammt aus Marokko und wird vor allem Liebhabern von süß-saurem Fleisch eine Offenbarung bleiben.

Lamm mit Zwiebeln und Honig

Zutaten:
500 g Lammschulter (in 3 cm große Würfel geschnitten),
1 Teelöffel Safranpulver,
1 Teelöffel Zimt,
½ Teelöffel Ingwerpulver,
4 Eßlöffel Honig,
500 g (ganz kleine) weiße Zwiebeln

Zubereitung:
Den Backofen auf 180 Grad vorheizen. Lammfleisch, Safran, Zimt, Ingwer und zwei Eßlöffel Honig in eine große Kasserolle geben. Mit Wasser begießen, so daß das Fleisch etwa zur Hälfte bedeckt ist. Auf der Herdplatte bei höchster Hitze zum Kochen bringen, dabei umrühren. Auf kleiner Flamme zugedeckt 30 Minuten köcheln lassen. Die Kasserolle vom Herd nehmen und die Flüssigkeit in einen kleineren Topf gießen. Diesen auf den Herd stellen und bei höchster Temperatur die Flüssigkeit zur halben Menge einkochen lassen. Sie kommt dann wieder in die Kasserolle, in die man außerdem die Zwiebeln und den restlichen Honig gibt – alles verrühren. Die Kasserolle halb zudecken und für 30 Minuten in den Backofen stellen. Auf jeden Fall so lange, bis Fleisch und Zwiebeln braun sind und fast die gesamte Flüssigkeit verdunstet ist.
Sofort servieren – ohne weitere Beilagen.

Fleischiges vom Rind, Kalb und Schwein

Erstklassige Fleischqualitäten gibt es genauso selten wie erstklassige Metzger. Die Diätmasochisten der vergangenen zwanzig Jahre haben dafür gesorgt, daß Fleisch fast zum Kunstprodukt heruntergekommen ist. Statt auf Bauernhöfen wachsen die Viecher heute unter der Aufsicht von Fleischzüchtern in computergesteuerten Großställen auf, genährt von soviel Pharma-Chemie, daß die Tierchen auch schön mager und geschmacklos werden. Der Kunde wünscht es angeblich so und schon hat sich eine ganze Industrie auf diese Massengeschmack-Losigkeit eingestellt. Wer dagegen Qualitätsansprüche hat, muß suchen. Es gibt überall Metzger, die ihre Ware nicht aus dem Zucht-Haus beziehen. Die erkennt man unter anderem auch daran, daß sie wissen, welche Fleischstücke sie der Kundschaft für bestimmte Zubereitungen empfehlen. Und die nicht mit dem Spruch kommen: »Dafür können Sie eigentlich alles nehmen.« Ein Laie kann es gar nicht wissen, aber alleine an einem Rind sitzen siebzehn eßbare verschiedene Partien, vom Nacken über Brustspitze, Brustkern bis hin zum Ochsenschwanz.

Rind ist auch nur ein Sammelbegriff für das Fleisch von jungen und alten Tieren: von Kühen, Ochsen, Bullen und weiblichen Jungrindern, den Färsen. Die jungen Tiere haben helles Fleisch und weißes Fett. Je dunkler und gröber die Fleischfasern sind, um so älter ist das Tier – und schmeckt auch kräftiger. Mageres Fleisch stammt von den Bullen, während das Ochsenfleisch besser durchwachsen und saftiger ist. Fleischgerichte für zwei Personen sind meistens kurzgebratene Pfannengerichte. Denn ein Braten bekommt seinen Geschmack auch durch das Schmoren im eigenen Saft – und ein Zwei-Personen-Braten gibt da nicht viel her. Deswegen empfehle ich Ihnen lieber Pfannengerichte. Das bedeutet aber, daß Sie eventuelle Vor- und Nachspeisen vorher zubereiten müssen, da man für Kurzgebratenes immer am Herd stehen muß.

Alles, was Sie brauchen, ist also ein guter Metzger, eine erstklassige Eisen- oder Edelstahlpfanne und eine Schürze.

Wenn man wirklich gutes Fleisch hat, sollte das Drumherum nicht aufwendig sein, damit der Fleischgeschmack zur Geltung kommt. Wie bei dieser einfachen Variante vom

Pfeffersteak

Zutaten:
2 Beefsteaks (aus der Schwanzrolle),
3 Teelöffel grüne oder rosa eingelegte Pfefferkörner, oder feste schwarze
2 Eßlöffel Sonnenblumenöl (oder Butterschmalz),
4 Eßlöffel trockener Weißwein,
1 Tasse süße Sahne (125 Gramm),
Salz

Zubereitung:
Die Pfefferkörner (im Mörser oder mit einer Messerklinge) zerdrücken und die Steaks von beiden Seiten damit bestreuen und dann fest andrükken. Das Fleisch etwa eine Stunde so stehen lassen. Das Öl in einer Pfanne (möglichst schmiedeeisern, auf keinen Fall Teflon) erhitzen. Die Steaks darin von jeder Seite nicht mehr als drei Minuten braten. Dann salzen, herausnehmen und warm stellen. In die Pfanne den Wein und die Sahne geben. Auf höchster Hitze unter ständigem Rühren die Soße zu einer dicklichen Masse einkochen lassen und eventuell salzen. Die Soße über die Steaks geben und mit Weißbrot servieren.

Ideale Fleischgerichte für zwei sind auch Rouladen. Das beste Fleisch dazu, und so müssen Sie es auch beim Metzger verlangen, ist »das Rollfleisch aus der Oberschale«. Es wird beim Schmoren schön weich und zerfällt nicht in zähe Fasern. Als Füllung dient bei der deutschen Hausfrauen-Roulade seit Jahrzehnten Gurke, Möhre, Zwiebel, Speck und ähnliches. Überraschen Sie daher lieber einmal mit diesen

Apfel-Rouladen

Zutaten:
1 Zwiebel,
2 saure (Boskop-)Äpfel,
30 g Schmalz,
1 Eßlöffel Wacholderbeeren,
200 g Sauerkraut,
3 Eßlöffel trockener Weißwein,
Salz, schwarzer Pfeffer,
2 Scheiben Rinderrouladen,
2 Eßlöffel Öl

Zubereitung:

Die Zwiebel ganz fein schneiden. Die Äpfel schälen, entkernen und in dünne Streifen schneiden. Das Schmalz in einem Topf schmelzen lassen und die Zwiebel darin glasig dünsten. Die Wacholderbeeren zerdrücken und mit Äpfeln, Sauerkraut und Weißwein dazugeben. Auf kleiner Flamme etwa 30 Minuten garen und kräftig mit Salz und Pfeffer abschmecken.

Die Rouladen ebenfalls pfeffern und salzen. Das Sauerkraut daraufgeben und das Fleisch (wie ein Briefkuvert) zur Mitte hin zusammenfalten und mit einer Fleischklammer (oder mit einem Faden) verschließen. Die Rouladen in Öl in einem Topf scharf anbraten. Dann sofort in einen Fleischbräter setzen und im vorgeheizten Backofen bei 200 Grad rund eine Dreiviertelstunde garen. Dabei immer wieder etwas Wasser (noch besser ¼ Liter Weißwein) nachgießen. Mit Weißbrot oder Salzkartoffeln servieren.

Ein skandinavisches Standardgericht:

Rindsfilet-Kartoffeln

Zutaten:
2 große Kartoffeln,
300 g Rindsfilet,
1 Zwiebel,
5 Eßlöffel Butter,
3 Teelöffel Dijon-Senf, scharf,
3 Eigelb,
Salz, schwarzer Pfeffer

Zubereitung:
Die Kartoffeln schälen, waschen und in kleine Würfel schneiden. In kaltem Salzwasser aufsetzen und einmal aufkochen. Dann das Wasser gleich abgießen. Das Filetfleisch in genauso kleine Stücke würfeln wie die Kartoffeln. Die Zwiebel feinhacken und in einem Eßlöffel Butter goldgelb anbraten. Herausnehmen und zur Seite stellen. Die Pfanne säubern und dann darin die Kartoffelwürfel in zwei Eßlöffel Butter knackig braun braten. Aus der Pfanne nehmen und warm halten. Die Fleischwürfel in einer Schüssel mit dem Senf, den Eigelben und den Bratzwiebeln mischen und alles salzen und pfeffern. Die restliche Butter in der Pfanne bei kleiner Flamme erhitzen. Die Fleischmischung darin wie einen Pfannkuchen zusammendrücken und von beiden Seiten jeweils fünf Minuten anbraten. Auf den Tellern anrichten – eine Hälfte Fleisch und eine Hälfte Kartoffeln.
Dazu ein Bier, keinen Wein servieren.

KALB

Mein Metzger empfiehlt seinen Stammkunden nur selten Kalbfleisch. Zitat: »Das meiste verkaufe ich an Diätapostel. Ich schäme mich auch immer für die hohen Preise, die ich dafür nehmen muß.« Fairerweise sagt er Bescheid, wenn er gute Kalbshaxen da hat, aus denen sich z.B. ein italienisches Osso Bucco zubereiten läßt. Doch sind diese Portionen für zwei Personen zu groß. Ein Kalbfleischrezept muß ich hier bringen, da mich meine Mitesser-»Mafia« dazu gezwungen hat. Ich konnte das sogenannte Wiener Schnitzel noch nie ausstehen und hielt es eher für einen Witz als ein Essen. Bis ich es von einem echten Wiener (aus Kärnten) serviert bekam. Und staunte. Sie finden das Rezept auf der nächsten Seite.

Vorher noch ein kleines Rezept, falls Sie einen guten Metzger haben:

Kalbfleisch in Milch

Zutaten:
400 g Kalbslende,
60 g magerer Speck,
Salz, schwarzer Pfeffer
aus der Mühle,
1 Teelöffel Mehl,
50 g Butter,
¾ l Milch

Zubereitung:
Das Fleisch an der Oberseite einschneiden, und dort den in Streifen geschnittenen Speck hineinstecken. Salzen, pfeffern und mit Mehl bestäuben. Butter in einer Kasserolle erhitzen und das Fleisch darin bei mäßiger Hitze rundherum braun braten. Die Milch zum Kochen bringen und über das Fleisch gießen. Bei kleiner Hitze das Fleisch ohne Deckel etwa eine Stunde köcheln lassen, bis es weich ist. Dabei immer wieder mit der Milch begießen. Das Fleisch herausnehmen, in Scheiben schneiden und auf zwei Tellern anrichten. Die Milch einmal aufkochen und so lange mit dem Schneebesen dabei kräftig durchrühren, bis eine cremige Soße entstanden ist. Diese über das Fleisch gießen und servieren.
Dies ist ein uraltes italienisches Rezept. Und dort gibt es dazu höchstens noch ein Gemüse, wie Spinat. Und Brot statt Kartoffeln.

Aber eines kann ich gleich sagen: Auch wenn Kalbfleisch als besonders kalorienarm gilt, bei diesem Rezept ist es das nicht.

Wiener Schnitzel

Zutaten:
2 Kalbsschnitzel aus der Keule
ca. 120 Gramm pro Stück,
2 Eßlöffel Mehl,
2 Eier,
Wasser,
2 Teelöffel Öl,
4 Eßlöffel gutes Paniermehl
vom Bäcker,
¼ Liter Öl,
1 Zitrone geviertelt,
Salz

Zubereitung:
Lassen Sie sich das Fleisch so schneiden, daß eine möglichst rechteckige Fläche entsteht. Klopfen Sie es zu Hause selbst – aber nur wenig, denn je dünner das Fleisch, desto trockener wird es beim Braten.

Die Hauträndern werden an einigen Stellen durchschnitten, dadurch wird ein Zusammenziehen beim Backen verhindert.

Das Mehl auf einen großen Teller geben, das Paniermehl auf einen weiteren. Auf einen tiefen Teller die Eier und zwei halbe Eierschalen mit kaltem Wasser sowie die zwei Teelöffel Öl geben und mit der Gabel verquirlen.

Die Schnitzel von beiden Seiten salzen, durch das Mehl ziehen, überflüssiges Mehl vorsichtig abschütteln, und dann durch die Eiermasse ziehen. Jetzt hüllt man die Schnitzel mit dem Paniermehl ein. Dabei dürfen die Brösel nur sanft angedrückt und nie angeklopft werden. Ebenfalls überflüssige Brösel abschütteln. Das Panieren darf erst kurz vorm Braten geschehen, sonst ziehen die Brösel bei langem Warten den Bratensaft an und werden nach dem Backen zu der berühmten weichen Pampe, die man aus Gasthäusern kennt.

Das Öl zum Backen in der Pfanne erhitzen, es muß den Boden der Pfanne daumendick bedecken. Halten Sie eine nasse Gabel ins Backfett. Wenn es zischt, ist die richtige Temperatur erreicht. Die Schnitzel hineinlegen und nach maximal zwei Minuten umdrehen und auch die andere Seite goldgelb backen. Abtropfen lassen und mit der Zitrone servieren. Die Schnitzel dürfen beim Backen nur einmal umgedreht werden. Macht man's zweimal, dann zieht sich die Bröseldecke mit Fett voll und fällt ab. Nur – so kriegen wir es ja überall.

Das Delikateste am Kalb sind für mich persönlich die Innereien. Damit gerate ich regelmäßig in des Teufels Küche, auch wenn es meine eigene ist. Erstaunlich viele Menschen bekommen bei dem Wort Innereien Magenkrämpfe. Trotzdem möchte ich wenigstens meine Lieblingsrezepte loswerden:

Orangen-Leber

Zutaten für zwei Personen:
2 Scheiben Leber von etwa
120 g,
1 Teelöffel milder Senf,
30 g Mehl,
2 Eßlöffel Öl,
Salz,
1 Messerspitze gemahlener
Ingwer,
2 ungespritzte Orangen,
20 g Butter,
1/8 l trockener Weißwein

Zubereitung:
Die Leber sauber abtupfen und dünn mit Senf bestreichen. In dem Mehl vorsichtig wenden. Das Öl in der Pfanne erhitzen und die Leber darin

von jeder Seite höchstens drei Minuten anbraten. Mit Salz und Ingwer gleichmäßig bestreuen. (Leber niemals vor dem Braten salzen, sie wird sonst steinhart.) Leber herausnehmen und warm halten. Eine Orange auspressen, die andere schälen und in Scheiben schneiden. Orangensaft, Butter und Wein zum Bratfond geben, etwas einkochen lassen und dann über die Leber auf den Tellern gießen. Mit den Orangenscheiben garnieren. Dazu schmeckt Reis oder Toastbrot.

Grundsätzlich sollten Sie bei der Zubereitung von Leber aller Tiere einiges beachten. Sie muß immer vorher sehr sorgfältig von allen feinen Häutchen befreit werden. Am besten mit einem dünnen, spitzen Messer. Außerdem soll sie zwar in heißem, aber nicht hocherhitztem Fett gebraten werden, sonst bekommt sie Ähnlichkeit mit Schuhsohlen. Wenn man Leber nach dem Waschen und Häuten kurz in Milch taucht, zieht sie sich nicht mehr so stark zusammen. Bereiten Sie Rinderleber zu, dann legen Sie sie in jedem Fall eine Stunde in Milch – das entzieht ihr die Bitterstoffe.

Kalbsleber mit Spinat

Zutaten Kalbsleber:
2 Scheiben Kalbsleber, jeweils
etwa 150 g,
250 g weiße Zwiebeln,
3 Eßlöffel Olivenöl,
2 Eßlöffel Butter,
1 Bund Petersilie,
4 Blätter Salbei (nur frischen,
sonst weglassen),
½ Tasse Bouillon oder Fleisch-
fond,
Salz, schwarzer Pfeffer

Zutaten Spinat:
600 g Spinat (oder eine Pak-
kung tiefgekühlter),
1 Eßlöffel Olivenöl,
1 Knoblauchzehe,
30 g geräucherter magerer
Schinken,
30 g Pinienkerne,
3 Eßlöffel süße Sahne,
Salz, schwarzer Pfeffer,
1 Prise Muskat,
2 Eßlöffel Crème fraîche

Zubereitung Kalbsleber:
Die Zwiebeln schälen und in
dünne Ringe schneiden. Die
Petersilie mit kaltem Wasser
reinigen, trockenschütteln und
feinhacken. Butter und Öl in
einer Pfanne auf kleiner Flamme (1) erhitzen, Zwiebeln und
Petersilie zugeben, durchrühren und das Ganze bei kleinster Hitze ca. eine Stunde
schmoren lassen. Die Leber
unter fließendem kaltem Was-
serreinigen, mit Küchenkrepp
trocknen und von allen Seh-
nen und Häuten befreien. In
daumendicke Scheiben
schneiden und in die Pfanne
zu dem Gemüse geben. Den
Herd auf mittlere Hitze hoch-
drehen und die Bouillon dazugießen. Alles unter Rühren
drei bis fünf Minuten braten.
Die Leber vom Herd nehmen
und mit den anderen Beilagen
servieren. Salzen und pfeffern
muß jeder selbst auf seinem
Teller. Vor dem Braten gesalzene Leber wird so steinhart,
daß man damit Bunker bauen
könnte.

Zubereitung Spinat:
Den frischen Spinat min-
destens zweimal unter fließendem Wasser abspülen, bis
keine Erde oder Sand mehr
daran klebt. Trockenschütteln.
In einem Topf zwei Liter Wasser zum Kochen bringen,
einen gestrichenen Eßlöffel
Salz hineingeben und den
Spinat in einem Schwung im
Wasser mit einem Holzlöffel
ganz untertauchen. Drei bis
maximal fünf Minuten ko-
chen, in ein Sieb geben, das
Kochwasser wegschütten und
durch eiskaltes ersetzen. Da-

hinein den Spinat schütten —
so bleibt er schön grün. Wieder in ein Sieb geben und vorsichtig das Wasser herausdrükken.

Den Schinken fein würfeln.
Das Öl in einer Pfanne oder einem Kupfertopf bei kleiner Temperatur erwärmen, den Schinken und die Pinienkerne dazugeben und die Knoblauchzehe darüber ausdrük-ken. Ca. drei Minuten durchrühren und dann den Spinat hineingeben. Hin und wieder mit einem Holzlöffel durchrühren. Nach weiteren drei Minuten salzen, pfeffern und die Sahne unterrühren. Eine Minute später eine Prise Muskatnuß drüberreiben und dann den Spinat servieren. Dazu paßt am besten Kartoffelpüree, Rezept Seite 62.

SCHWEIN

Die meisten Stücke vom Schwein haben so wenig Eigengeschmack, daß man sich zumindest beim Würzen dieses Fleisches »austoben« kann.
Wie bei diesen einfachen

Schweinekoteletts mariniert

Zutaten:
2 Schweinekoteletts,
1 Eßlöffel Öl,
5 Eßlöffel süße Sahne

Marinade:
1 durchgepreßte Knoblauchzehe,
2 Teelöffel scharfer Dijon-Senf,
2 Teelöffel Tomatenmark,
¼ l Rotwein (zum Beispiel Côtes du Rhône),
1 Teelöffel feingehackte Petersilie,
Salz, Pfeffer

Zubereitung:
Die Zutaten für die Marinade verrühren, das Fleisch einlegen und etwa sechs Stunden darin ziehen lassen. Dann herausnehmen, mit Küchenkrepp trocknen und in dem heißen Öl von jeder Seite etwa eine Minute anbraten. Dann die Marinade zugießen und das Fleisch darin noch etwa vier Minuten braten. Die Koteletts auf einer Platte anrichten. Die Soße mit der Sahne verrühren, einmal aufkochen und dann über das Fleisch gießen. Dazu passen gratinierte Kartoffeln oder Brot.

Aus der Schweineschulter lassen sich auch kleinere Braten für zwei Personen herstellen. Sie müssen sich nur vom Metzger ein Stück ohne Schwarten und Knochen schneiden lassen. Gute Fleischer rollen das Fleisch auch für Sie in ein Netz ein – für den Rollbraten. Diese Rezepte sind leicht, raffiniert und das Fleisch schmeckt auch als kalter Braten auf Brot.

Lyoner Schweinebraten

Zutaten:
500 g Schweinebraten,
Salz, Pfeffer,
50 g Butter,
2 Eßlöffel Mehl,

½ l Fleischbrühe (Würfel),
½ l trockener Weißwein,
300 g feste Zwetschgen,
1 Teelöffel Weinessig (am besten Sherry-Essig),
1 Teelöffel Zucker,
¼ l Crème fraîche

Zubereitung:
Den Schweinebraten mit Salz und Pfeffer einreiben, in Butter anbraten, mit dem Mehl bestäuben und rundherum braun werden lassen. Dann die Fleischbrühe und den Wein zugießen und das Ganze zugedeckt 45 Minuten schmoren lassen. Die entkernten Zwetschgen, den Essig und den Zucker zugeben und das Fleisch weitere 45 Minuten schmoren. Fleisch und Zwetschgen auf eine vorgewärmte Platte geben, die Crème fraîche in den Bratensaft rühren. Servieren Sie zu dieser leicht herzustellenden Köstlichkeit gratinierte Kartoffeln oder Spätzle. Trinken Sie den Weißwein, den Sie auch zum Kochen verwendeten, dazu.

Ananas-Schmorbraten

Zutaten:
1 Ananas,
1 Pfund Schweinerollbraten,
50 g Butterschmalz,
1 weiße Zwiebel,
2 Teelöffel Zucker,
3 Teelöffel scharfer Senf,
1 Teelöffel Senfpulver

Zubereitung:
Die Ananas in Scheiben schneiden. Diese schälen und den harten Strunk aus der Mitte ausstechen (mit einem scharfen Messer). Zwei Scheiben zur Seite legen und den Rest würfeln.
Das Fleisch in einem Schmortopf in der Hälfte vom Butterschmalz anbraten.
Die Zwiebel kleinhacken und mitschmoren, bis sie glasig geworden ist. Die Ananaswürfel, Zucker, Senf und Senfpulver in den Topf geben und alles miteinander verrühren.
Den Braten zugedeckt auf kleiner Flamme etwa eine Stunde schmoren lassen. Dann das Fleisch herausnehmen und warm stellen. Die zurückgebliebenen Ananasstükke im Topf mit dem Schneidestab pürieren. Die beiden übrigen Ananasscheiben im restlichen Butterschmalz goldbraun anbraten.
Das Fleisch in Scheiben schneiden und mit dem Püree und den Fruchtscheiben zu Reis servieren.

DIE MISCHUNG AUS ALLEM – HACKFLEISCH

Mit Hackfleisch können auch die größten »Anfänger« kochen lernen. Sie müssen nur das rohe Fleisch am Tag des Einkaufs gleich verarbeiten. Und Sie sollten von Gerichten wie den Buletten oder der Fleischpastete gleich eine größere Portion zubereiten, da man sie auch noch Tage später kalt auf Brot essen kann. Die Zubereitungen sind nicht schwer, nur beim Einkauf müssen Sie aufpassen.

Die einzige wichtige Voraussetzung muß Ihr Metzger mitbringen – lassen Sie sich das Fleisch im ganzen Stück zeigen, bevor er es durch den Wolf dreht. Kaufen Sie kein abgepacktes Fleisch – erstens haben Sie trotz der strengen Lebensmittelgesetze keine Garantie, daß es wirklich frisch ist. Zweitens hat so mancher Metzger die Eigenart, seine unbrauchbaren Reste zu verwenden. Das aber würde so manches Rezept überflüssig machen – denn Sie sollen Hackfleischgerichte als Delikatesse empfinden. Und das können sie bei richtiger Zubereitung und guten Zutaten jederzeit sein.

Beginnen wir mit einem Hamburger, wie er ursprünglich einmal war. Da bestand er nur aus Fleisch. Mit diesem Rezept habe ich schon so viele Freunde wieder auf den rechten Geschmacks-Weg zurückgebracht, daß alle ihn nur noch so nennen:

Missionars-Hamburger

Zutaten für eine Person:
1 kleine Zwiebel,
50 g Butter,

200 g Rinderhackfleisch (möglichst Filetstück),
Salz, frisch gemahlener weißer Pfeffer

Zubereitung:
Die kleingewürfelte Zwiebel in der Hälfte der Butter glasig dünsten. Das Fleisch mit Salz und Pfeffer würzen und fünf Minuten kräftig durchkneten, dabei die gedünsteten Zwiebeln (ohne die Butter) druntermischen. Aus der Masse ein rundes Steak formen und es in

der Zwiebelbutter anbraten. Das Fleisch ist fertig, wenn nach dem Wenden auf der Oberfläche etwas roter Fleischsaft erscheint. Das Steak auf einen vorgewärmten Teller geben und die restliche Butter in der heißen Pfanne schmelzen und über das Fleisch geben.

Zu diesem Rezept gibt es noch zwei Varianten:

1. Reiben Sie in die rohe Masse eine Karotte – so wird das Steak noch saftiger.

2. Geben Sie in die Masse zwei Eßlöffel ungeschlagene süße Sahne, und verzichten Sie dafür auf die zweite Portion Butter. So schmeckt's feiner.

Für die Liebhaber von Fleischklopsen steht es außer Frage, daß die auch kalt schmecken. Deswegen ist das folgende Rezept für eine größere Menge gedacht. Soll es nur für zwei Personen reichen, dann halbieren Sie die Zutaten.

Grundrezept Buletten/Frikadellen

Zutaten für ca. 10 Stück:
500 g Schweinehack,
250 g Rinderhack,
250 g Bratwurstfüllung oder Mett,
2 Eier,
100 g geriebenes Toastbrot oder Paniermehl,
1 gewürfelte große Zwiebel,
Salz, Pfeffer

Zubereitung:
Sie können das Brot durch die entsprechende Menge feingehackten Sellerie oder Lauch ersetzen – und Sie haben eine raffinierte Abwandlung. Wenn Sie nach dem Grundrezept vorgehen, können Sie noch viel mehr zaubern:

Geben Sie in den Teig zwei Teelöffel Curry und eine Messerspitze geriebenen Ingwer. Halbieren Sie vier Bananen, und hüllen Sie diese mit dem Fleischteig ein. Legen Sie die geformten Klopse auf ein Backblech, und lassen Sie sie im vorgeheizten Ofen bei 200 Grad zwanzig Minuten braten.

Zur Abwechslung können Sie nach der gleichen Methode den Teig mischen mit entkernten Trauben und gewürfeltem Hartkäse; mit in Würfel geschnittenen roten Paprikaschoten; hartgekochten Eiern; Birnen mit Roquefort-Käse; Champignons und Tomaten – was immer Ihnen Spaß macht.

Die Arbeit beim nächsten Rezept lohnt sich, wenn Sie noch zwei weitere Gäste haben oder aber kalte Bratenscheiben lieben:

Fleischpastete

Zutaten für vier Personen:
600 g Schweinehack,
300 g Rinderhack,
100 g Brät oder Bratwurstfüllung,
2 Eigelb,
50 g feingehackte Zwiebel,
50 g feingehackter Lauch,
50 g Panierbrösel,
Salz, schwarzer Pfeffer,
1 gestrichener Teelöffel mittelscharfer Paprika,
1 gestrichener Teelöffel Zucker,
1 Teelöffel scharfer Senf,
2 Messerspitzen Currypulver,
1 Bund Petersilie, feingehackt,
50 g Räucherspeck, feingeschnitten,
1 feingewürfelte rote Paprikaschote,
1 Scheibe Kalbsleber

Zubereitung:
Alle angegebenen Zutaten – bis auf die Kalbsleber – mit den Händen zehn Minuten gründlich durchkneten. Eine Kuchenkastenform mit etwas Erdnußöl ausstreichen und die Hälfte der Fleischmasse so fest eindrücken, daß keine Luftlöcher bleiben, und in der Mitte eine breite Mulde bilden. Die Kalbsleber kurz anbraten, so daß sie außen leicht gebräunt und innen noch roh ist. In die Hackfleischmulde hineinlegen. Mit der restlichen Masse die Form zudecken. Im Ofen bei 180 Grad etwa eine Stunde backen. Zum Servieren aus der Form stürzen und mit Bratkartoffeln oder Knoblauchbrot servieren.

Variante:
Sie können den Fleischteig auch zu einem Kastenbrot formen. Dann in einem Bräter im Ofen rundherum anbraten und weitere 45 Minuten bei 200 Grad backen. Dabei immer wieder mit Brühwürfel-Bouillon (ca. ¼ Liter) beziehungsweise mit seinem eigenen Saft übergießen. Die restliche Flüssigkeit verrührt man in einem Topf mit ¼ Liter Crème fraîche und würzt noch mit Salz und Pfeffer nach. Natürlich können Sie diese Pastete statt mit der Leber auch mit den obligatorischen harten Eiern füllen – dann nehmen Sie gekochte Wachteleier, die überraschen Ihre Gäste schon durch die Optik.

*Chinakohlrouladen,
Rezept Seite 130*

Ein Rezept-Tip für alle, die auf ihr Tomatenketchup zum Hamburger nicht verzichten können – machen Sie's selbst.

Tomatenketchup

Zutaten:
1 Dose Tomaten à 400 g,
1 kleine Dose Tomatenmark,
1 Bund Basilikum,
Salz, Pfeffer,
2 Eßlöffel Honig,
1 Messerspitze geriebener Ingwer,
1 gestrichener Teelöffel China-Gewürz

Zubereitung:
Den Tomatensaft abgießen – so bleiben etwa 200 Gramm Fruchtfleisch, die in den Mixer kommen. Tomatenmark, kleingeschnittenes Basilikum, Salz, Pfeffer, Honig, Ingwer und China-Gewürz dazugeben und fünf Minuten auf höchster Stufe pürieren. Sie werden nie mehr Fertigprodukte verwenden. Die Soße hält sich, im Glas verschlossen, im Kühlschrank rund vier Wochen.

Geradezu verrückt sind viele Freunde nach Kohlrouladen. Deswegen mußte ich verspre-chen, das Rezept hier zu bringen:

Chinakohlrouladen
(siehe Foto Seite 129)

Zutaten:
1 kleiner Chinakohl,
Salz, Wasser

Für die Füllung:
1 Brötchen,
2 Schalotten,
100 g Rinderhackfleisch,
100 g grobe Bratwurstfüllung oder Mett,
1 Ei,
Salz, Pfeffer,
1 Messerspitze Thymian (auch getrockneter möglich)

Außerdem:
2 Eßlöffel Butterschmalz,
¼ l Fleischbrühe (Würfel),
3 Eßlöffel Tomatenmark,
4 Eßlöffel Crème fraîche,
½ Teelöffel edelsüßer Paprika,
Salz, Pfeffer

Zubereitung:
Rund zwei Liter Wasser in einem großen Topf mit einem Eßlöffel Salz zum Kochen bringen. Den Kohlstrunk ab-schneiden, die schlechten äu-ßeren Blätter entfernen. Den Kohlkopf ins kochende Was-ser legen. Es kühlt dabei ab. Sowie es wieder kocht, den

Kohl herausnehmen und in einem Topf mit eiskaltem Wasser (oder ins Becken) legen. Nach zwei bis drei Minuten wieder herausnehmen und vorsichtig die großen Blätter abnehmen. Die kleinen Blätter ins kochende Salzwasser zurückgeben und fünf Minuten weich kochen. Herausnehmen und abtropfen lassen.

Für die Füllung das Brötchen in lauwarmem Wasser einweichen. Die Schalotten schälen und kleinhacken, ebenso die kleinen Kohlblätter. Das Brötchen ausdrücken und mit dem Kohl, Zwiebeln, Hackfleisch, Bratwurstfüllung und Ei in eine Schüssel geben.

Alles gut mit nassen Händen vermengen, Thymian, Salz und Pfeffer zufügen und abschmecken.

Wenn Sie einen Fleischwolf haben, drehen Sie die Masse durch die feine Scheibe – das schmeckt edler. Aber es geht natürlich auch so.

Die Füllung auf den großen Kohlblättern verteilen, die Ränder etwas einschlagen, die Blätter aufrollen und alles mit Küchengarn umwickeln. Das Butterschmalz in einem möglichst flachen Topf (oder einer Bratreine, wenn Sie größere Portionen machen) erhitzen,

die Kohlrouladen einlegen und schnell und kurz von allen Seiten anbraten, bis sie rundherum hellbraun sind. Die Fleischbrühe seitlich angießen, einen Deckel auflegen und bei kleiner Flamme fünfzehn Minuten die Rouladen schmoren.

Die Rouladen herausnehmen, die Fäden entfernen und warm stellen. Die Brühe im Topf zum Kochen bringen, die Crème fraîche, das Tomatenmark, Paprika, Salz und Pfeffer zugeben und verrühren. Leicht einkochen und mit den Rouladen zu gratinierten Kartoffeln servieren.

Noch besser ist die echte Tomatensoße, die auch zu Nudeln paßt. Dazu müssen Sie ein Pfund Tomaten enthäuten, entkernen und klein würfeln. Außerdem 5 Basilikumblätter feinhacken und alles mit einer ausgepreßten Knoblauchzehe, Salz, Pfeffer und einer Prise Zucker in 2 Eßlöffeln Olivenöl 15 Minuten einkochen. Wenn die Tomaten zu wenig ausgereift sind, kommt noch ein Eßlöffel Tomatenmark dazu. Möchten Sie die Soße zu Geflügel oder Fisch reichen, dann nehmen Sie anstatt des Öls zwei Eßlöffel Butter und verfeinern mit süßer Sahne.

Noch ein anderes Standardgericht der altdeutschen
Küche ist – vor allem durch
die Fertigkonserven-Branche
– in Verruf geraten: die Kö-
nigsberger Klopse. Treten wir
zur Ehrenrettung dieser Fein-
schmeckerspeise an.

Königsberger Klopse

Zutaten für zwei Personen:
300 g mageres Rindfleisch,
200 g mageres Schweine-
fleisch,
2 Sardellen,
1 Zwiebel,
1 eingeweichtes altbackenes
Brötchen,
4 Eigelb,
Salz, weißer Pfeffer, Muskat,
2 Eßlöffel Zitronensaft,
2 Lorbeerblätter,
50 g Butter,
40 g Mehl,
1 Prise Zucker,
1 Glas kleine Kapern
(30–35 g),
⅛ l Crème fraîche

Zubereitung:
Das Fleisch, die Sardellen und
die Zwiebel durch die feinste
Scheibe des Fleischwolfs drehen. In die Masse das eingeweichte und gut ausdrückte
Brötchen, zwei Eigelb, Salz,
Pfeffer und Muskat geben und
alles gleichmäßig durchkneten. Aus dem Teig acht Klopse
formen. Einen Liter Wasser
mit Salz, Zitronensaft und den
Lorbeerblättern zum Kochen
bringen und die Klopse fünfzehn Minuten auf kleiner
Flamme darin ziehen las-
sen.
In einem zweiten Topf die Butter zerlassen, das Mehl darin
goldgelb anschwitzen, mit einem halben Liter der Kloß-
brühe ablöschen und aufkochen. Nun die Soße mit Salz,
Pfeffer, Zucker und Kapern
würzen. Die Crème fraîche mit
den restlichen zwei Eigelb verrühren und unter die nicht
mehr kochende Soße rühren.
Die Klöße in die Soße geben
und noch einmal ziehen lassen.
Schmeckt hervorragend zu
wildem Reis, aber auch zu
Kartoffelpüree.

Axel: . . . und ewig kocht das Weib

Als wir unsere erste gemeinsame Wohnung bezogen, ahnte ich nicht im entferntesten, was Christel mit dem Satz meinte: »Wir können über alles reden, aber die Küche richte ich ganz alleine ein.«

Mit dem manchmal etwas stupiden Sprachschatz, den Verliebte so drauf haben, erwiderte ich: »Tue es, wenn es dein Glück bedeutet.« Mir fehlte jede Vorstellung, was man in einer Durchschnittsküche von acht Quadratmetern Grundfläche anstellen kann. Inzwischen weiß ich es – alles. Wir haben die ungemütlichste gemütliche Küche der Stadt. Vom Geschirrspüler angefangen über den Superherd bis hin zu sämtlichen Küchengeräten, Marmor- und Holz-Mammut-Brettern, zweitausend Spezialmessern, Töpfen, Pfannen und Extrageschirrteilen haben wir alles, was je zum Kochen erfunden wurde. Die Sachen stapeln sich in Schubladen, hängen an allen Wänden und baumeln von der Decke. Dazwischen quetschen sich irgendwie noch Trockensträuße und Knoblauchwürste. Auf dieser kleinen Fläche steht auch noch ein Frühstückstisch mit zwei Stühlen, die man zur Seite schieben muß, wenn der Mikrowellenherd benötigt wird.

Einen Raum weiter steht im großräumigen, gemütlichen Eßzimmer ein großflächiger, gemütlicher Tisch. An dem wird auch tatsächlich gegessen, wenn wir Freunde eingeladen haben. Aber in der Zeit vor und nach dem Essen drücken sich diese Freunde alle in die Küche 'rein, weil sie es so unsagbar gemütlich finden. Alle wollen helfen, Gemüse putzen oder Zwiebeln schneiden.

Und alle bekommen von Christel ein Glas Wein in die Hand gedrückt und dürfen sich unterhalten. Nur – helfen läßt sie sich von niemandem. Das galt auch zwei Jahre für mich. Dann erbarmte sie sich eines Tages meiner: »Okay, wenn du wirklich kochen lernen willst, dann fangen wir mit den leichten Übungen an.«

Sie bereitete einen Karpfen zu, den sie durch Beziehungen irgendwo aufgetrieben hatte. »Paß auf, du schälst und würfelst die zehn Zwiebeln hier, während ich den Fisch putze.«

Sie flitzte die ganze Zeit am Herd herum, öffnete den vorgeheizten Ofen und rief über die Schulter: »Alles klar, reich mir mal die Zwiebeln.«

»Die sind noch nicht soweit, ich habe sie gerade erst geschält.«

Sie drehte sich um, eine steile Falte auf der Stirn und murrte: »Was hast du denn die ganze Zeit getan? Laß mich mal machen, da habe ich dich anscheinend überfordert.«

Sie grabschte nach einem der Spezial-Wiege-Messer, hampelte damit einmal behende übers Zwiebelbrett und schon lagen gleichmäßige kleine Würfel vor mir.

»Naja«, seufzte ich, »du bist ja auch ein Profi!«

»Wieso denn, das kann doch jeder.«

»Schon gut, ich werde heimlich üben.« Das tat ich zwar auch, aber ich brauche trotzdem die zehnfache Zeit.

Den nächsten Versuch unternahm sie mit mir Wochen später. Ich sollte eine Soße im Wasserbad festrühren. In einem Topf waren die Zutaten für die Soße. Dieser wurde in einen größeren gestellt, und darin wurde so viel Wasser gegossen, daß der kleinere Topf damit bis zur halben Höhe umgeben war. Der kleine Topf kam wieder heraus und das Wasser wurde bis kurz unter den Siedepunkt erhitzt und dann wieder heruntergeschaltet. Jetzt kam der kleine Topf wieder in den großen rein. Christel drückte mir einen Schneebesen in die Hand und sprach: »Einfach nur gleichmäßig umrühren, bis die Masse fester wird.«

Das tat ich brav, bis das Telefon klingelte. Als ich aus dem Wohnzimmer zurückkam, blitzten mich zornige Augen an: »Wenn man etwas im Wasserbad rührt, dann gibt es weder Telefon noch Türklingel – diese geronnene Brühe darfst du alleine auslöffeln ...«

Tage später ließ sie mich noch mal sozusagen das Kind mit dem Wasserbad ausschütten: Ich rührte gerade eine Eiercreme, als es mich nach meinem etwas entfernt stehenden Weinglas gelüstete. Ich streckte mich dem Alkohol entgegen – und schon flogen Töpfe, Eiercreme und viel Wasser durch die Küche. Sicher wäre ich hinterher geflogen, wenn ich nicht freiwillig die Flucht ergriffen hätte ...

Doch Christel hat durch ihren dämlichen Schüler einiges gelernt. Sie kapierte, daß man mit Nicht-Fachleuten viel Geduld haben muß. Und daß wir Vollblutamateure entschieden mehr Zeit zum Kochen brauchen. Das schlägt sich auch in ihren Rezepten nieder. Sie schreibt niemandem mehr vor, in welcher Zeit dieses und jenes Essen zubereitet sein müßte. Seitdem kochen wir auch glücklich und zufrieden zu zweit in der Küche: Ich wasche die Salatblätter, schneide Schnittlauch oder lege den Käse aufs Brett. Dabei ratschen wir fröhlich und sind vergnügt. Am Wochenende darauf ist es genau umgekehrt: Ich koche, sie schneidet die Zwiebeln, trinkt einen Wein und albert herum. Dabei beobachtet sie meine zeitlupenhaften Bewegungen – und kritisiert mich so gut wie nie.

Daß sie trotzdem unter meinem Kochstil leidet, merkt man erst beim Essen. Anfangs hat sie immer Schwierigkeiten beim Kauen, da sie die Zähne beim Anblick meiner Kochlöffelschwenkerei dermaßen zusammengebissen hat, daß ihre Kieferknochen schmerzen. Ob sie nun selbst am Herd steht oder zuschauen muß – sie kocht immer …

Fisch – nicht nur freitags

Fisch und Schalentiere esse ich leidenschaftlich gern. Doch da ich in Süddeutschland lebe, habe ich verständlicherweise keine Möglichkeit, ihn direkt vom Fischkutter zu beziehen. Egal, wie sehr die Industrie ihre Kühlwagen anpreist – bis der Fisch bei uns landet, ist er schon ganz schön alt.

Daher esse ich ihn am liebsten im Urlaub am Meer. Nur wenn meine Gelüste zu groß werden, kaufe ich bei teuren Händlern den Fisch, mit dem man die nachfolgenden Rezepte zubereiten kann. Aber das ist schon Luxus. Und für die bei uns erhältlichen Zuchtfische wie Forellen kann ich mich auch nicht sehr erwärmen. Bekomme ich durch Freunde doch einmal einen »wilden« Flußfisch, so mariniere ich ihn mit Zitrone oder vielen frischen Kräutern – eingepackt in Aluminiumfolie und dreißig Minuten im Kühlschrank. Dann wird der Fisch mit viel Butter bestrichen, die Folie locker verschlossen und das Ganze für rund 20 Minuten unter den Grillrost geschoben. Das schmeckt herrlich, aber – mein Stoßseufzer – ich bin in puncto Fisch einfach zu anspruchsvoll.

Das ist auch das Problem mit meinem »eigentlichen« Lieblingsfisch, dem Matjeshering. Seit ich in Dänemark einmal echten kennenlernte, bin ich bei uns auf der verzweifelten Suche danach. Aber Fehlanzeige. Wirklich echte Matjes sind die grünen Heringe, die noch vor ihrer Geschlechtsreife eingefangen wurden. Sie sind jünger und daher zarter als andere und werden auf eine mildere Art gesalzen. Soweit die Theorie. In der Praxis werden bei uns aber einfach frische Heringe mit weniger Salzgehalt als Matjes verkauft. Wenn Sie welche kaufen, dann legen Sie sie vorher eine Stunde in kaltes Wasser. Trocknen Sie sie sorgfältig mit Küchenpapier ab. Raspeln Sie über den Fisch einen halben Apfel und legen Sie darauf eine in Ringe geschnittene milde weiße Zwiebel. Genießen Sie den Beinahe-Matjes mit saurer Sahne und neuen Kartoffeln.

Seezunge mit Orangen, Rezept Seite 138

Zumindest Seezunge wird bei uns in guten Qualitäten angeboten. Damit können Sie dieses feine Rezept zubereiten, das ich bei einem Frankreichurlaub kennenlernte:

Seezunge mit Orangen
(siehe Foto Seite 137)

Zutaten für zwei Personen:
1½ l frisch ausgepreßter Orangensaft (oder 2 Dosen tiefgefrorenes Orangenkonzentrat),
2 Orangen,
Salz,
Filets von zwei mittelgroßen Seezungen,
2 Eßlöffel Crème fraîche,
4 Eßlöffel geschlagene süße Sahne,
1 Teelöffel rosa Pfeffer

Zubereitung:
Dreiviertel vom Orangensaft in einem Topf bei großer Hitze auf weniger als die Hälfte einkochen. Die beiden Orangen schälen, zerlegen und die einzelnen Stücke mit einem scharfen Messer von den dünnen Häuten befreien. Den übrigen Orangensaft leicht salzen und so erhitzen, daß er nicht kocht. Die halbierten Seezungenfilets drei Minuten darin gar ziehen lassen, wenden und nach weiteren drei Minuten herausnehmen.

Während der Fisch gart, die Crème fraîche unter die eingekochte Orangensoße mischen, dann die geschlagene Sahne zugeben. Alles kurz aufkochen, damit sich die Zutaten verbinden. Den rosa Pfeffer im Mörser zerstoßen und zu der Soße geben und eventuell noch salzen.
Die Fischfilets auf vorgewärmten Tellern anrichten, mit den Orangenstücken garnieren und die heiße Soße darübergießen. Als einzige Beilage gibt es dazu wilden Reis.

Mein teuerstes und aufwendigstes Rezept – aber es schmeckt auch super. Doch sollten Sie sich erst rantrauen, wenn Sie schon etwas Kocherfahrung haben. Er darf nicht tiefgekühlt sein. Den besten Lachs gibt es von Dezember bis März.

Lachs auf Lauch

Zutaten:
2 Lachsfilets à 200 g,
80 g Butter,
Salz, weißer Pfeffer,
1 Schalotte (keine andere Zwiebelsorte!),
⅛ l trockener Weißwein,

⅛ l Bouillon (wenn Sie von einem anderen Essen noch Fischsud übrighaben, ist das noch besser)

Für die Soße:
½ l Bouillon (oder Fischsud),
3 Eßlöffel trockener Wermut,
3 Eßlöffel trockener Weißwein,
200 g Crème fraîche,
2 Eßlöffel Joghurt,
100 g leicht gesalzene Butter,
1 Teelöffel Trüffelsaft,
2 Lauchstengel,
50 g schwarze Trüffeln,
Salz, weißer Pfeffer

Zubereitung:
Die zwei Lachsportionen werden entgrätet und in eine gebutterte feuerfeste Form gelegt. Salzen und pfeffern und mit der kleingehackten Schalotte bestreuen. Dann gießen Sie den Wein und die Bouillon dazu. Zur Seite stellen, aber den Backofen inzwischen schon auf 220 Grad vorheizen.
Für die Soße werden die Hälfte der Bouillon, Weißwein und Wermut bis zur Dickflüssigkeit eingekocht. Dann wird die Crème fraîche daruntergerührt. Jetzt darf die Masse aber nicht mehr kochen; sie muß allerdings warm bleiben. Nun das Ganze in den Mixer geben

und mit dem Joghurt, der kalten Butter – immer in kleinen Stücken zufügen – und dem Trüffelsaft eine sämige Soße mixen.
Den Lauch schälen und waschen und in zündholzgroße Streifen schneiden. In Salzwasser ganz kurz aufkochen und dann sofort wieder auf ein Sieb abgießen. Die Trüffeln in Scheiben schneiden. Jetzt stellen Sie den Lachs in den vorgeheizten Ofen und lassen ihn rosarot garen. Je nach Dikke kann das zwischen acht und zwölf Minuten dauern.
In der Zwischenzeit die Soße in einem Topf wieder erhitzen und dabei ständig mit dem Schneebesen schlagen. Den Lauch und die Trüffeln hineingeben und die restliche Bouillon langsam unterziehen. Die Soße darf nicht kochen! Vorsichtig umrühren, damit Sie das Gemüse nicht zerdrücken. Zum Schluß mit Salz und Pfeffer abschmecken. Die Soße zuerst auf die (möglichst vorgewärmten) Teller geben und die Lachsschnitten darauflegen und sofort servieren.
Um den Fischgeruch an Geschirr, Besteck und Händen zu vertreiben, müssen Sie alles kalt abspülen und anschließend mit Essigwasser übergießen. Das wirkt.

Ebenfalls ein Rezept für Fortgeschrittene, aber guuut!

Steinbuttfilet mit Schnittlauchsabayon

Zutaten:
500 g Blattspinat (frisch oder tiefgekühlt),
20 g Butter,
Salz, weißer Pfeffer,
⅛ l trockener Weißwein,
⅛ l Fischsud (oder einfache Bouillon),
Saft einer halben Zitrone,
2 Steinbuttfilets, ca. 200 g,
20 g Butter,
Salz, weißer Pfeffer, Muskat.
Zutaten für das Sabayon:
⅛ l trockener weißer Wermut,
⅛ l trockener Weißwein,
⅛ l Fischsud (oder Bouillon),
1 Eigelb,
1 Bund Schnittlauch,
Salz, Cayennepfeffer,
Saft einer halben Zitrone

Zubereitung:
Der frische Spinat wird gewaschen und in Salzwasser einmal aufgekocht. Dann auf ein Sieb geschüttet und kalt abgespült. Der tiefgekühlte Spinat wird einfach aufgetaut. Dann streicht man eine ovale Form mit Butter aus und streut Salz und Pfeffer darüber. Wein und Fischsud (oder Bouillon) hineingießen und die Steinbuttfilets hineinlegen, die man ebenfalls mit Salz und Pfeffer bestreut. Den Zitronensaft über den Fisch träufeln. Dann die zugedeckte Auflaufform in den auf 200 Grad vorgewärmten Backofen stellen und den Fisch etwa zwölf Minuten dünsten.

In dieser Zeit müssen Sie Spinat und Sabayon zubereiten. Den Spinat gibt man in einen Topf mit 20 Gramm zerlassener Butter und erhitzt ihn langsam. Kurz vor dem Servieren wird er mit Salz, Pfeffer und Muskat abgeschmeckt. Den Wermut, Wein und Fischsud (oder Bouillon) zur Hälfte einkochen, das Eigelb dazugeben und die Soße im Wasserbad (siehe Seite 60) mit dem Schneebesen steif schlagen. Den feingeschnittenen Schnittlauch daruntermischen und mit Salz, Cayennepfeffer und Zitronensaft abschmecken.

Verteilen Sie den Spinat auf zwei Teller, legen Sie jeweils den Steinbutt darauf, und übergießen Sie den Fisch mit dem Sabayon.

Verzichten Sie auf Beilagen wie Brot oder Reis, sie würden den feinen Geschmack »ermorden«. Trinken Sie einen trockenen französischen oder italienischen Weißwein dazu.

Flambierte Scampi

Zutaten für zwei Personen:
4 Eßlöffel Butter,
250 g Scampi (oder andere Schalentiere),
Salz, weißer Pfeffer,
4 cl Cognac oder Weinbrand,
2 Teelöffel Tomatenmark,
1 Becher Crème fraîche,
2 Eigelb

Zubereitung:
Die Butter in einem niedrigen Topf oder einer Pfanne erhitzen. Die Scampi drei Minuten darin braten und dabei salzen und pfeffern. Den Alkohol erwärmen, darübergießen, vorsichtig anzünden und ausbrennen lassen. Die Scampi aus der Pfanne schöpfen und mit Alufolie bedeckt warm stellen.

Das Tomatenmark in die Pfanne rühren, dann die Crème fraîche, und beides unter Rühren etwa auf die Hälfte einkochen lassen. Die Pfanne vom Herd nehmen und das Eigelb mit dem Schneebesen darunterrühren.

Die Scampi wieder zugeben und servieren. Als Beilage eignet sich am besten körniger Reis.

SOSSEN FÜR FISCH

Warme Senfsoßen schmekken zu den meisten Fisch- und Eiergerichten.
Man kann sie auf der Basis einer »Sauce Béarnaise« im Wasserbad aufwendig herstellen. Es geht aber auch anders:

Kräftige Senfsoße

Zutaten:
30 g Butter,
1 rote Zwiebel,
1 Teelöffel Mehl,
2 Eßlöffel Rôtisseur-Senf,
⅛ l trockener Weißwein,
¼ l Sahne,
Salz, weißer Pfeffer,
1 Prise Zucker,
1 Spritzer Worcester- oder Sojasoße

Zubereitung:
Die Butter im Topf erhitzen, die geschälte und kleingehackte Zwiebel darin glasig braten und das Mehl darin anschwitzen, bis ein weißer Schaum entsteht. Sofort den Senf zufügen und mit dem Wein ablöschen. Die Sahne dazugeben und alles bei großer Hitze etwas einkochen.

Mit den Gewürzen abschmekken. Nach Wunsch frische Kräuter unterrühren.

Milde Senfsoße

Zutaten:
30 g Butter,
Salz, weißer Pfeffer,
2 Teelöffel milder Senf,
2 Eßlöffel Madeira,
¼ l Crème fraîche,
2 Eigelb

Zubereitung:
Die Butter in einem Topf erhitzen, leicht salzen und pfeffern. Senf, Madeira und Crème fraîche dazugeben und verrühren. Unter ständigem Rühren um ein Drittel einkochen. Topf vom Herd nehmen und mit dem Schneebesen die zwei Eigelb darunterrühren. Noch einmal abschmecken, aber nicht mehr erhitzen. Diese Soße eignet sich hervorragend für Fisch und für Innereien wie Nieren oder Herz.

Aus Senf können Sie sich aber eine Vorratssoße zubereiten,

die sich im Kühlschrank wo-
chenlang hält und ideal für
Räucherlachs geeignet ist:

Senf-Honig-Dip

Zutaten:
5 Eßlöffel Dijon-Senf,
5 Eßlöffel Mayonnaise,
1 Eßlöffel Honig, 1 Eigelb,
1 Bund Dill

Zubereitung:
Senf, Mayonnaise und Honig
zu einer homogenen Masse
verrühren, mit dem Eigelb etwas verdünnen und zum
Schluß den gezupften Dill
druntermischen. In einem ver-
schließbaren Glas im Kühlschrank aufbewahren. Der Dip
paßt auch gut zu kaltem Braten-
fleisch.

Axel: Objektive Lügen oder
Wie Essensfotos entstehen

Ich beichte hiermit ohne schlechtes Gewissen, der Typ Hobby-
koch zu sein, der sich von Essens-Fotos erst richtig anregen läßt.
Ganz im Gegensatz zu meiner Freundin Christel. Die braucht
nur ein Wort wie Knoblauch zu hören, schon spricht sie schmat-
zend von Lammbraten oder Bouillabaisse. Das reicht bei mir
nicht aus.

Und daher gab's bei den Vorbereitungen für dieses Buch heftige
Diskussionen. Fotos – ja oder nein, und wenn ja, dann wie? Da
ich als angelernter Laie im Laufe des Jahres sowieso alle Rezepte nachgekocht hatte, erklärte ich mich auch bereit, das Essen
für die Fotos zuzubereiten. Ein ausgesprochen undamenhaftes
höhnisches Gelächter schallte mir um die Ohren: »Junge, du
hast ja keine Ahnung, was das bedeutet!«

»Wieso denn – wir gehen zu einem Spezialisten, der im Studio
eine Küche hat, ich koche und er fotografiert gleich.«

»Ich mache dir einen Vorschlag – du siehst dir einen Tag lang
die Arbeit in einem professionellen Küchen-Foto-Studio an und
dann reden wir wieder darüber.«

Die Idee gefiel mir, und einige Tage später durfte ich so ein Studio betreten.

Es war toll eingerichtet. Es gab gleich mehrere Herde und Backöfen, für Gas und Strom; Grillgeräte in unterschiedlichen Grö-
ßen, Töpfe und Pfannen in nicht zu zählenden Mengen. Die
Küche war riesengroß und lag direkt neben dem Fotostudio –
und das war ziemlich mickrig. Genauso wie der Fotograf. Ein
griesgrämiger weißgekleideter Zwerg, der es überhaupt nicht
verstehen konnte, daß ich freiwillig zusehen wollte.

Er trank literweise Pulverkaffee und steckte sich eine Zigarette
an der anderen an. Der Typ sollte so lecker fotografieren können? Der konnte doch gar keine Geschmacksnerven mehr besitzen.

Nun, die brauchte er auch nicht. In der Küche kochten zwei Pro-
fis, assistiert von einer jungen Dame mit der Berufsbezeichnung
»Stylistin«. Und sie war die wichtigste Person. Nach ihren Wün-

schen wurde an einer Studiowand aus alten Brettern ein Fenster gebastelt, mit alten Vorhängen dekoriert und von Tontöpfen mit Kräutern umrahmt. Davor wurde auf ein Plastikgestell ein dickes Holzbrett gelegt und sie erklärte mir grinsend: »So entsteht die rustikale Atmosphäre. Die Bretter haben wir in allen Holzarten im Lager, je nachdem, welche Stimmung gewünscht wird. Auf dem Foto sieht man ja doch nur einen Ausschnitt davon.«

Sie drapierte Knoblauchknollen, Weingläser und frisches Gemüse in ganzen Stücken auf der Tischplatte und überließ dem Fotografen nebst seinem Assistenten das Feld. Die bauten eine Menge Scheinwerfer auf, die meterweise mit speziellem Pergamentpapier beklebt wurden, um ein sanfteres Licht zu erzeugen. Die Kamera war ein Mordstrum an einem großen Stativ.

Ich schnupperte in Richtung Küche – es war soweit. Es roch sehr angenehm provenzalisch, und ich verspürte einen Heißhunger. Die beiden Köche und die Stylistin brachten Pfannen, Töpfe und Teller. Sie arrangierten die Sachen ebenfalls auf dem Tisch und änderten die Anordnung immer wieder.

Dann öffnete die Stylistin ihren, wie sie sagte »Requisitenkoffer«. Und plötzlich fühle ich mich wirklich benebelt. Mit einem halben Dutzend verschiedener Spraydosen besprühte sie das Essen. Auf einmal sah alles ganz frisch und appetitlich aus, wie ich es von den Fotos immer kannte – aber nie aus unserer Küche.

Sie schnitt das Prunkstück des Arrangements, einen großen Braten, mit einem Messer in Scheiben. Der Fotograf fluchte: »Das ist doch kein rosig-saftiges Fleisch, verdammt.«

Die Stylistin erledigte das Problem in wenigen Sekunden: »Ich bepinsel' das Fleisch mit Lebensmittelfarbe. Das macht man immer so, und es sieht doch leckerer aus, als in Wirklichkeit.«

Die Farbe, die sie ins Essen brachte, verlor ich im Gesicht: »Aber das ist ja furchtbar, das kann man doch nicht mehr essen?«

»Nee, das Zeug schmeißen wir hinterher weg.«

Ich kam total desillusioniert nach Hause. Christel versuchte mich zu beruhigen: »Wir werfen nicht immer alles weg. Nur die Sachen, die mit Chemikalien behandelt sind.«

»Das bringe ich nicht fertig. Wenn das immer so läuft, dann will ich mit den Fotos nichts zu tun haben.«

Ich berichtete meine Erlebnisse eines Abends Cliff, einem befreundeten amerikanischen Fotografen. Er arbeitet nur für die internationalen Modemagazine – umgeben von den schönsten Mädchen, den elegantesten Kleidern und selbst immer nur in Bluejeans. Der lachte sich über meinen Foto-Ausflug natürlich in ein asthmatisches Röcheln hinein. Nachdem er sich beruhigt hatte, meinte er: »Wenn ich es fotografiere, kann man es hinterher auch noch essen.«

»Sehr lustig. Erstens ist das nicht dein Fachgebiet und zweitens bist du nicht zu bezahlen.«

Cliff bekam ein gieriges Funkeln in die Augen: »Wenn ich einen Sonderpreis mache, darf ich dann auch die Sachen später essen?«

Christel mischte sich ein: »Selbstverständlich. Aber das ist doch eher eine Zumutung. Alles so aufgewärmtes Zeug, das taugt doch nichts.«

»Okay«, verkündete Cliff fröhlich, »ich mache die Fotos und wärme mir die Sachen hinterher im Mikrowellenherd wieder auf. So essen wir in Amerika immer.«

Dagegen hatten wir nichts einzuwenden. Wir räumten ihm ein Zimmer frei, in dem er sein Fotozubehör aufbauen konnte, legten einen Termin fest und harrten der Dinge, wie es so blöd heißt.

Die Dinge kamen in Form eines Containers voll von Lampen, Stativen und was ein Fotograf noch so braucht, um ein buntes Tellerchen zu fotografieren. Ich bekam fast einen Schock.

Aber der von Cliff war noch größer, als er erfuhr, daß ich alles kochen würde: »Oje, ich dachte, ich bekomme Christels feine Sachen. Aber wenn du das machst, kann ich auch gleich Diät halten.« Ich schüttelte und würgte ihn eine Minute, dann war er auch mit mir einverstanden.

Dann folgte die nächste Grundsatzdiskussion. Cliff und Christel wollten schöne, volldekorierte Essensfotos, wie man sie überall sieht. Ich war dagegen: »Diese Edelfotos ärgern mich jedes Mal. Denn wenn ich das nachkoche, sieht's bei mir auf dem Teller ganz anders aus. Und prompt habe ich das Gefühl, etwas falsch gemacht zu haben. Nachdem ich jetzt gesehen habe, daß dies durch die Tricks der Fotografen kommt, wünsche ich mir lieber ehrliche Fotos – so wie es in Wirklichkeit aussieht.«

Cliff hielt sich mehr oder weniger daran. Einmal erwischte ich ihn, wie er mit Christels Wäschesprenger das Obst auffrischte.

Und mit einer leeren Spritze Luftblasen in den Wein fabrizierte, damit es lebhafter aussah. Dagegen war er sauer, weil ich die Birnen für ein Foto so geschält hatte, wie es jeder tut – ein wenig eckig.

Ansonsten klappte alles wunderbar. Ich kaufte ein und kochte wie ein Irrer, und Cliff futterte sich durch. Ich nahm dabei ein Kilo ab und er zwei zu.

Nur nach dem letzten Foto streikte er, es waren die Seezungen in Orangensoße. Ich wollte sie ihm gerade aufwärmen, als er etwas für sein amerikanisches Image tun mußte: »Ich habe soviel feine Sachen gegessen, das reicht erst mal. Jetzt gehe ich mal wieder richtig essen – zu McDonalds.«

Desserts – der krönende Abschluß

Ohne Süßspeisen sind Menüs für die meisten Menschen kein richtiges Essen. Das gilt auch für uns. Allerdings bereite ich Desserts, wie die auf den nächsten Seiten, am liebsten in der Herbst-/Winterzeit zu. Im Sommer bin ich mit einer gemischten Käseplatte und frischem Obst (siehe Foto rechts) glücklich und zufrieden. Unsere Nachspeisen lassen sich alle vorbereiten, bis auf das Schokoladensoufflé und die Apfelspeisen – für die muß man noch einmal kurz vorher in die Küche verschwinden.

Birnen in Rotwein
(kann man vorbereiten, siehe Foto Seite 153)

Zutaten:
2 Birnen,
⅛ l Wasser,
80 g Zucker,
½ l Rotwein,
3 Nelken,
½ Zimtstange,
3 Blatt Gelatine,
2 cl Cognac,
3 Eßlöffel geröstete Mandelblätter

Zubereitung:
Die Birnen schälen, halbieren und entkernen. Wasser und Zucker aufkochen, dann den Wein und die Gewürze zugeben. Auf kleiner Flamme »simmern« lassen und die Birnen in der Flüssigkeit ziehen lassen. Probieren Sie mit einem Messer, ob die Früchte weich genug sind – jede Sorte hat eine andere Kochzeit. Aber es schmeckt mit allen frischen Birnen.
Die Birnen dann auf einer großen oder zwei kleinen Schalen anordnen. Die Flüssigkeit auf weniger als einen halben Liter einkochen. Die Gelatine einweichen, ausdrücken und in dem heißen Rotwein auflösen. Alles abkühlen lassen. Kurz bevor der Wein geliert, den Cognac zugeben. Die Birnen mit dem flüssigen Gelee übergießen und im Kühlschrank fest werden lassen. Vor dem Servieren dann die Mandelblätter darüberstreuen.

Gemischte Käseplatte mit frischem Obst

Dazu schmeckt eine echte Vanillesoße hervorragend. Nur muß ich Sie vorwarnen – diese Soße macht Arbeit. Außerdem ist sie die Vorstufe zum besten »Pudding« der Welt, der Bayrischen Creme. Gelingt Ihnen die Vanillesoße, dann probieren Sie beim nächsten Mal auch die Fortsetzung zur bayrischen Creme aus.

Hier sehen Sie erst einmal, was Sie allein an Küchengeräten dafür brauchen:

1 große Tasse (zum Eiertrennen),
1 Rührschüssel,
1 Schüssel, die groß genug ist, um alle Zutaten, einschließlich der geschlagenen Sahne, aufzunehmen, und die auch noch in eine nächstgrößere Schüssel paßt,
nämlich in die Eiswürfelschüssel (vorher drei Schalen Wassereiswürfel frieren lassen; vor Beginn der Creme-Herstellung die Würfel in die Schüssel geben),
1 Milchtopf (der einen Liter faßt),
1 Topf (der einen Liter faßt),
1 feines Haarsieb, 1 Schneebesen,
1 Holzlöffel,
1 Schale (zum Auflösen der Gelatine),

1 großer Becher (zum Sahneschlagen),
1 Mixrührer (zum Sahneschlagen),
4 Dessertförmchen

Wenn Sie einen Milchtopf haben, in dem die Milch nicht ansetzt, dann brauchen Sie den zweiten Topf nicht und können den ersten weiterverwenden.

Vanillesoße
(kann man vorbereiten)

Zutaten:
½ l Milch,
1 Vanilleschote,
6 Eigelb,
100 g Zucker

Für die Bayrische Creme kommen dazu:
8 Blatt Gelatine,
½ l geschlagene süße Sahne

Zubereitung:
Zuerst die Milch mit der aufgeschlitzten Vanilleschote aufkochen und dann zugedeckt neben dem Herd ziehen lassen. Die Eier höchst sorgfältig trennen. Es darf kein bißchen Eiweiß am Dotter bleiben. Das Eiweiß in die Tasse geben. Daraus kann man später Bai-

sers machen. Das Eigelb in die Rührschüssel geben. Nach und nach den Zucker mit dem Schneebesen unterrühren. Rund zehn Minuten sorgfältig und gleichmäßig rühren, bis sich eine helle, dicklich cremige, aber nicht schaumige Masse ergibt. Die noch heiße Milch mit einer Schöpfkelle nach und nach in die Eiermasse geben (Vanilleschote vorher entfernen) und dabei weiter ständig mit dem Schneebesen rühren.

Wenn alles miteinander verbunden ist, die Soße in einen Topf geben und auf den Herd stellen. Bei kleiner bis mittlerer Hitze unter ständigem Rühren mit dem Schneebesen dicker werden lassen. Die Creme darf auf keinen Fall kochen, da sie sonst sofort gerinnt. Ist es doch einmal passiert, können Sie die Soße mit einem Trick noch retten, wenn Sie ganz schnell arbeiten: Soße rasch in den Mixer füllen und kurz auf höchster Schaltstufe mixen.

Dieser erste Gang ist dann abgeschlossen, wenn die Creme angedickt an einem Holzlöffel leicht hängenbleibt. Jetzt haben Sie eine Englische Creme. Wollen Sie die nur als Vanillesoße verwenden, dann gießen Sie sie jetzt durch ein Haarsieb. Sie können sie lauwarm oder abgekühlt servieren.

Wollen Sie dagegen eine

Bayrische Creme,

dann lassen Sie jetzt die Gelatine in etwas kaltem Wasser aufquellen. Diese kräftig ausdrücken und in die immer noch lauwarme Creme geben und unter Rühren auflösen. Wenn die Eiswürfel in dem großen Topf noch nicht genügend angetaut sind, geben Sie etwas kaltes Wasser dazu. Stellen Sie eine kleinere Schüssel hinein – sie muß von unten und an der Seite die Kühlung abbekommen.

Rühren Sie die Masse durch ein Haarsieb in diese kleine Schüssel hinein, damit keine Klümpchen von Eiern oder Gelatine zurückbleiben.

Jetzt kommt die zweite Phase, die über Gelingen oder Nichtgelingen entscheidet. Die Masse wird mit dem Schneebesen kaltgerührt, aber nicht geschlagen. Sie müssen nicht ständig rühren, sondern nur aufpassen, daß die Creme nicht zu dickflüssig wird. In der

Zwischenzeit die Sahne schlagen. Wenn Sie einen elektrischen Handmixer verwenden (mit dem Schneebesen bekommt man Muskelkater), dann halten Sie ihn in kreisenden Bewegungen in die Schlagschüssel. Schalten Sie das Gerät nur auf halbe Leistung, so wird die Sahne locker und gleichmäßig.

Die Grundcreme darf nicht zu warm und flüssig und nicht zu kalt und fest sein. Das ist eine Frage des Fingerspitzengefühls – diesen Begriff dürfen Sie wörtlich nehmen. Testen Sie's.

Jetzt die Sahne mit dem Schneebesen gleichmäßig unterheben, bis die Creme dickflüssig ist.

Die Förmchen kurz mit kaltem Wasser ausspülen – nicht abtrocknen, nur leicht ausschütteln und die Creme löffelweise hineingeben. Die Förmchen zwischendurch auf dem Küchentisch aufstoßen, damit sich in der Creme keine Luftblasen bilden.

Dann die Creme mindestens zwei Stunden im Kühlschrank fest werden lassen. In Frankreich stellt man die Förmchen sogar ins 3-Sterne-Frostfach, um die Creme geeist zu servieren. Das empfiehlt sich nach meinem Geschmack aber nur

für die Bavaroise auf Fruchtbasis, die ich anschließend noch beschreiben werde.

Um die Förmchen zu stürzen, muß man sie nur kurz in heißes Wasser halten, abtrocknen und umgekehrt auf die Teller stellen. Durch sanftes Rütteln gleitet der Inhalt von selbst heraus.

Sollten Sie die Creme nicht stürzen, sondern im Glas servieren wollen, dann brauchen Sie bei meinem Rezept nur drei bis vier Blatt Gelatine zu nehmen.

Zur Krönung des Ganzen brauchen Sie jetzt noch eine fruchtige Soße. Im Winter können Sie tiefgefrorene Sorten verwenden, diese mit Alkohol und Zucker aufkochen, pürieren und servieren. Doch im Sommer schmeckt frisches püriertes Obst besser. Einfach Erdbeeren, Himbeeren, Johannisbeeren oder Aprikosen im Mixer (eventuell mit Puder- oder Läuterzucker) pürieren, durch ein Sieb streichen und über die Bayrische Creme geben.

Oder Sie mixen ein leicht säuerliches Gelee (rote Johannisbeeren) unter geschlagene süße Sahne.

*Bimen in Rotwein,
Rezept Seite 148*

Es gibt noch eine leichter herzustellende Abwandlung dieser Creme auf Fruchtbasis. Die Arbeit lohnt aber nicht für zwei Personen – deswegen gleich mehr herstellen und im Kühlschrank aufbewahren:

Bayrische Fruchtcreme
(kann man vorbereiten, siehe Foto Seite 157)

Zutaten für vier bis sechs Personen:
½ l Zuckersirup,
14 Blatt Gelatine,
½ l pürierte Kirschen, Aprikosen oder Erdbeeren (durchs Sieb gestrichen),
Saft von 3 Orangen,
½ l Crème fraîche,
1 Teelöffel Mandelöl,
Obst zum Dekorieren

Zubereitung:
Den Zuckersirup leicht erwärmen und mit den vorher eingeweichten und dann ausgedrückten Gelatineblättern verrühren, bis sie sich aufgelöst haben. Wenn die Masse beginnt, dicklich zu werden, das Fruchtpüree und den Orangensaft mit dem Schneebesen hineinrühren. Die Crème fraîche mit dem Mixrührer schaumig schlagen und in die Mischung geben, genau wie bei der Original-Bavaroise.

Die Förmchen mit dem Mandelöl auspinseln und die Creme hineingeben. Die Töpfchen kurz aufstoßen, damit sich die Masse gleichmäßig verteilt, und mindestens drei Stunden im Kühlschrank erstarren lassen. Dann wieder kurz in heißes Wasser halten und auf die Dessertteller stürzen.

Wenn Ihnen die erste Bayrische Creme gelungen ist, dann können Sie beim nächsten Mal auch experimentieren. Zunächst noch einmal zum ersten Rezept, der Creme auf Sahnebasis. Nachdem Sie die Sahne untergerührt haben, können Sie den Geschmack noch abwandeln, indem Sie ein Schnapsglas voll Grand Marnier, Cointreau, Rum, Cognac oder Obstschnaps dazurühren. Oder Sie verwenden geriebene Mandeln, Walnüsse oder Zartbitter-Schokolade.

Die Creme auf Fruchtbasis läßt sich mit allen vollreifen Früchten der Saison herstellen. Sie müssen nur püriert und durch ein Sieb getrieben werden.

Meine Lieblingsvariante: mit Mangos. Zur Erdbeercreme haben wir in diesem Fall pürierte Aprikosen als Soße dazugegeben.

Wenn Ihnen das erste Bayrische-Creme-Rezept geglückt ist, dann können Sie für eine größere Tafelrunde (sechs bis acht Personen) auch eine »Charlotte« zubereiten. Diese Dessertform wurde Ende des 18.Jahrhunderts in England für Queen Charlotte kreiert. Man höre und staune: Auch in England gab's mal gute Küche. Aber erst als die Franzosen die »Charlotte« übernahmen, entwickelte sie sich zur Raffinesse. Jetzt im Sommer schmeckt am besten:

Himbeer-Charlotte
(kann man vorbereiten)

Zutaten für sechs Personen:
200 g frische Himbeeren,
50 g Kristallzucker,
500 g Himbeeren, püriert und durch ein Sieb gedrückt,
Bayrische Creme (Rezept 1, nur exakt die Hälfte aller Zutaten und nur 2 Blatt Gelatine),
1 Eßlöffel Butter,
ca. 14 Löffelbiskuits,
1 Eßlöffel Zucker

Zubereitung:
200 Gramm Himbeeren in 50 Gramm Zucker wälzen und zur Seite stellen. Die pürierten Himbeeren danebenstellen. Die Bayrische Creme wie angegeben zubereiten.

Die Wände einer Charlotteform mit der Butter einstreichen (notfalls kann man den Ring einer Tortenform auf einen flachen Teller stellen, das Stürzen der Form entfällt dabei). An die gebutterten Wände der Form die Löffelbiskuits so dicht wie möglich »ankleben«. Eventuell müssen Sie sie in die richtige Form schneiden. Den Boden der Form mit dem Eßlöffel Zucker bestreuen. Jetzt immer abwechselnd die Creme-Masse und die gezukkerten Himbeeren in Schichten einfüllen. Sollte die Masse nicht ausgereicht haben, können Sie den Rest noch mit Biskuits auffüllen.
Drei Stunden in den Kühlschrank stellen. Die Form anschließend kurz in heißes Wasser halten (dabei schmilzt die Butter) und auf einen großen Teller stürzen! Etwas Himbeerpüree zwischen die Biskuits träufeln und den Rest in einer Sauciere dazugeben. Vergessen Sie bei allem nicht: Wichtig sind gute Zutaten, Geduld und keinerlei Störungen durch die Außenwelt. Diese Rezepte haben ihre guten und schlechten Seiten: Der Vorteil ist der Wohlgeschmack, die herrliche Nascherei beim Töpfesäubern und der Erfolg bei den Gästen.

Schokoladen-Parfait
(kann man vorbereiten)

Zutaten:
3 Eier,
2 Eigelb,
150 g Puderzucker,
⅛ l Wasser,
120 g geriebene Kuvertüre,
½ l geschlagene süße Sahne

Zubereitung:
Die Eier, das Eigelb, den Zucker und das Wasser in kochendem Wasserbad (siehe Seite 60) dickschaumig schlagen. Dann in kaltem Wasser schlagen, bis die Masse abgekühlt ist. Danach die geriebene Schokolade und anschließend die Sahne dazugeben. Die Masse in einen Metallbehälter füllen und im Tiefkühlfach des Kühlschranks fest werden lassen. Zum Servieren die Form kurz in heißes Wasser tauchen und auf eine Platte stürzen.

Schokoladen-Soufflé

Zutaten:
25 g Butter,
25 g Zucker,
90 g Kuvertüre,
3 Eßlöffel Milch,
60 g Zucker,
2 Eigelb,
3 Eiweiß,

20 g Zucker (alle Zuckermengen einzeln abwiegen),
Puderzucker zum Bestäuben

Zubereitung:
Den Ofen auf 180 Grad vorwärmen. Die Soufflé-Form mit den 25 Gramm Butter bestreichen und mit den 25 Gramm Zucker ausstreuen.
Einen großen Topf mit heißem Wasser füllen und einen kleineren hineinstellen (Wasserbad, siehe Seite 60). In dem kleinen Topf die Schokolade schmelzen lassen. Dann Milch und 60 Gramm Zucker zufügen und die Mischung schlagen, bis sie geschmeidig ist.
Sobald sie abgekühlt ist, erst das Eigelb und dann das steif geschlagene Eiweiß nach und nach darunterschlagen. Zuletzt 20 Gramm Zucker untermischen, diese Masse in die gebutterte Soufflé-Form geben. In dem vorgeheizten Ofen ca. 20 Minuten backen. Stecken Sie eine Messerklinge in die Masse, wenn sie trocken herauskommt, ist das Soufflé fertig und muß sofort serviert werden. Die Menge reicht für zwei bis vier Personen.

*Bayrische Fruchtcreme,
Rezept Seite 154*

Mousse au Chocolat
(kann man vorbereiten)

Zutaten:
125 g Kuvertüre oder erstklassige Bitterschokolade,
75 g Butter,
2 Eigelb,
20 g Zucker (extra abwiegen),
3 Eiweiß

Zubereitung:
Die Schokolade im Wasser-
bad (siehe vorheriges Rezept)
schmelzen lassen. Die Butter
zufügen und das Ganze mit
dem Schneebesen schlagen,
bis die Masse cremig ist. (Es
empfiehlt sich, dafür die Töpfe
solange von der Herdplatte zu
nehmen.) Das Eigelb unterrühren und dann alles abkühlen lassen. Wenn die Masse
nur noch lauwarm ist, das mit
20 Gramm Zucker steif ge-
schlagene Eiweiß zufügen.
Vorsichtig mischen und alles
entweder in kleine Förmchen
geben oder in eine große
Schüssel und kalt stellen.
Nach zwei Stunden können
Sie sie servieren. Die Mousse
läßt sich auch ideal vorbereiten, da sie zwei Tage im Kühlschrank ihre Konsistenz beibe-
hält. Etwas leichter wird die
Mousse, wenn Sie anstatt der
Butter geschlagene Sahne unterziehen.

»Leichte« Weiße Mousse
(kann man vorbereiten)

Zutaten:
125 g weiße Schokolade,
1 ganzes Ei,
1 Blatt Gelatine,
200 g geschlagene süße Sahne,
1 cl (Schnapsglas) Grand Marnier

Zubereitung:
Die Schokolade im Wasser-
bad schmelzen lassen. Das Ei
in einer Schüssel schaumig
schlagen, die lauwarme Scho-
koladenmasse dazugeben.
Die vorher in Wasser eingeweichte Gelatine gut ausdrük-
ken und mit dem Grand Marnier in die Masse rühren. Am
Ende die geschlagene Sahne
vorsichtig unterheben, in Formen füllen und im Kühl-
schrank fest werden lassen.

Schwips-Birnen
(kann man vorbereiten)

Zutaten für vier Personen:
4 Birnen,
Saft einer halben Zitrone,
150 g Zucker,
3 Eigelb,
1 Eßlöffel Zucker extra,

⅛ l Cognac oder Weinbrand,
¼ l süße Sahne

Zubereitung:
Wegen der Optik sollten Sie
die Birnen so schälen, daß der
Stiel noch dranbleibt. Das
Kerngehäuse wird nicht raus-
geschnitten. Den »Boden« abschneiden, so daß die Birnen
aufrecht stehen können. Dann
die Früchte mit Zitronensaft
einreiben.
Den Zucker mit einem Liter
Wasser aufkochen. Die Temperatur zurückschalten, die
Birnen in den Topf stellen und
bei geschlossenem Topf weich
ziehen lassen. Das dauert, je
nach Sorte, zehn bis fünfzehn
Minuten.
In der Zwischenzeit die Eigelbe, den Eßlöffel Zucker und
den Alkohol mit dem Schneebesen in einer Schüssel verrühren. Den Topf ins Wasserbad (siehe Seite 60) stellen
und die Soße bei schwacher
Hitze cremig rühren. Wenn sie
dicklich wird, die Schüssel
herausnehmen und weiterrüh-
ren, bis die Creme abgekühlt
ist. Die Sahne fest, aber nicht
zu steif schlagen und vorsichtig unter die Creme heben.
Die Birnen abtropfen und abkühlen lassen, anrichten und
die Creme drum herum verteilen. Bis zum Servieren minde-

stens eine Stunde im Kühlschrank ruhen lassen.

Zwetschgen-Pasteten

Zutaten:
ca. 150 g Zwetschgen,
4 altbackene Brötchen,
1 Eiweß,
¼ l Rotwein,
1 Eigelb,
3 Eßlöffel Semmelbrösel,
Öl zum Ausbacken,
Zucker und Zimt

Zubereitung:
Die Zwetschgen kurz in heißes Wasser tauchen, schälen
und entkernen. Zur Seite stellen. Von den Brötchen die
Rinde abreiben, einen Deckel
abschneiden und das Innere
aushöhlen. Nun die Zwetschgen hineingeben. Die Deckel
mit dem Eiweiß bestreichen
und auf die Öffnungen setzen.
Die so gefüllten Brötchen werden in einer Schüssel mit dem
Rotwein getränkt und müssen
dann auf einem Sieb abtropfen. Danach zuerst in Eigelb,
dann in den Semmelbröseln
wenden. In schwimmendem
heißen Fett goldgelb ausbak-
ken – entweder in der Friteuse
oder in der Pfanne. Dazu Zimt-
zucker reichen.

Eine süße Leckerei ist vor allem

Nellys Zwetschgen-Soufflé

Zutaten:
1 kg Zwetschgen,
30 g Butter,
125 g geschälte süße Mandeln,
100 g Puderzucker,
3 Eiweiß,
200 g Vollmilch-Blockschokolade

Zubereitung:
Die Zwetschgen in heißes Wasser tauchen, schälen, halbieren und entkernen. Eine Auflaufform ausbuttern und die Zwetschgenhälften hineinsetzen, mit der Kernhöhlung nach oben. In diese legt man jeweils eine Mandel und schließt sie wieder mit einer halben Frucht. Eiweiß sehr steif schlagen, den Zucker hinzufügen, die Schokolade raspeln und unterziehen. Die Schokoladen-Eiweißmasse über die Zwetschgen gleichmäßig verteilen und die Form in den vorgeheizten Backofen schieben. Das Soufflé etwa zwanzig Minuten bei 200 Grad backen. Nicht ganz so süß wird das Dessert mit Halbbitter-Schokolade.

Likör-Ananas

Zutaten:
1 Ananas,
50 g Hagelzucker,
4 cl Grand Marnier oder Cointreau,
¼ l süße Sahne,
1 Päckchen Vanillezucker,
2 Eßlöffel geraspelte Schokolade

Zubereitung:
Die Ananas in Scheiben schneiden, schälen und den Strunk entfernen. Jede Scheibe mit Zucker bestreuen und mit Likör beträufeln. Mit Alufolie abdecken und zwei Stunden in den Kühlschrank stellen. Vorm Servieren die Sahne steif schlagen, Vanillezucker und etwas Likör unterheben. Sahne auf die Ananas verteilen und geraspelte Schokolade darüberstreuen.

Selbstverständlich wissen wir alle, wie man einen Obstsalat zubereitet: Einfach alle Früchte mischen, die es gerade auf dem Markt gibt. Zumindest erlebe ich das so oft bei Freunden und in Restaurants. Im Sommer verstehe ich es: Das Überangebot verlockt dazu. Trotzdem finde ich es viel reizvoller, mit wenigen Obstsorten zu arbeiten, die miteinander harmonieren. So wie bei folgendem Rezept:

Feigen-Orangen
(kann man vorbereiten)

Zutaten:
2 Orangen,
⅛ l trockener Weißwein,
60 g Zucker,
50 g Rosinen,
12 frische Feigen

Zubereitung:
Eine Orange auspressen und den Saft mit dem Wein und dem Zucker im Topf aufkochen. Zwei Minuten sprudeln lassen, dann vom Herd nehmen und die Rosinen zugeben. Die Flüssigkeit abkühlen lassen.
Die Feigen schälen, halbieren und drei Stunden mit der Orangen-Wein-Soße im Kühlschrank marinieren. Die andere Orange schälen, zerteilen und vorsichtig die Häute abziehen. Auf Dessertellern anrichten. Die Feigen aus der Marinade herausholen, abtropfen lassen und ebenfalls auf die Teller geben. Die Soße mit den Rosinen auf kleiner Flamme leicht erwärmen und über das Obst gießen.

Avocadoschaum
(kann man vorbereiten)

Zutaten:
2 reife Avocados,
Saft einer Zitrone,
ca. 80 g Zucker,
⅛ l Crème fraîche,
1 kleine Dose Aprikosen,
1 Eßlöffel Zucker,
2 Eßlöffel Aprikosenlikör

Zubereitung:
Die Avocados halbieren und entkernen. Mit einem Löffel das Fruchtfleisch vorsichtig herausheben, ohne die Schalen zu beschädigen. Das Fleisch in den Mixer geben, mit dem Zitronensaft und den 80 Gramm Zucker pürieren, dann die Masse durch ein Sieb streichen. Diese jetzt mit der Crème fraîche vermengen und den Schaum in die Avocadoschalen füllen. Die Aprikosen ohne den Saft in den Mixer geben, mit Zucker und Likör vermengen und ebenfalls durch ein Sieb streichen.
Dieses Aprikosenpüree verteilen Sie vorsichtig dünn über den Avocadoschaum und stellen das Dessert bis zum Servieren in den Kühlschrank. Es hält sich mindestens einen halben Tag, ist also ideal vorzubereiten.

Apfelkuchen aus Hefeteig gehört zu den Standardrezepten deutscher Hausfrauen und Kaffeehäuser. Wer sich, wie ich, wenig aus dem magenfüllenden Teig macht, sollte einmal folgende Apfelkuchen-Variante ausprobieren. Wie alle Backwaren ist auch diese nichts für Kalorienzähler, aber für Leckermäuler.

Apfelkuchen

Zutaten für sechs bis acht Personen:
1 Ei,
75 g Zucker,
$^2/_{10}$ l Crème fraîche,
30 g Mehl,
300 g Boskop (oder andere säuerliche Äpfel),
20 g Korinthen,
60 g Butter

Zubereitung:
Den Backofen auf 200 Grad vorheizen. Dann in einer Rührschüssel das Ei und den Zucker mit dem Schneebesen schaumig schlagen. Dann erst die Crème fraîche und anschließend das gesiebte Mehl daruntermischen. Die Äpfel schälen, entkernen und in kleine Stücke schneiden und mit den Korinthen vermischen.
Von der Zucker-Sahne-Mischung 100 Gramm abmessen und zur Seite stellen. Die Äpfel-Korinthen-Mischung in die verbliebene Masse rühren. Das Ganze in eine ausgebutterte Springform von 20 Zentimeter Durchmesser füllen und bei 200 Grad 15 Minuten bakken.
40 Gramm Butter auslassen und mit der übrigen Zucker-Sahne-Mischung vermengen. Diese Masse auf dem vorgebackenen Kuchen verteilen und ihn weitere 15 Minuten bei 200 Grad backen. (Durch den Trick des »Doppelbakkens« bleibt der Kuchen saftiger.) Den Kuchen lauwarm servieren.

Eine Apfelküchlein-Variante, die einfach herzustellen ist, aber exquisit schmeckt.

Apfel auf Blätterteig

Zutaten für sechs Personen:
3 säuerliche Äpfel,
Saft von 2 Zitronen,
Saft von 1 Orange,
3 Eßlöffel Zucker,
5 Eßlöffel Wasser,
500 g Blätterteig (tiefgekühlt),
1 Eigelb,
etwas Butter für das Backblech

Zubereitung:
Die Äpfel werden geschält und dann nur halbiert. Das Kerngehäuse mit einem Messer vorsichtig aushöhlen. Zitronen- und Orangensaft mit Zucker und Wasser aufkochen und die Äpfel darin blanchieren. Sie müssen weich, dürfen aber keinesfalls matschig werden. Dann die Äpfel herausnehmen und abkühlen lassen.

Den Blätterteig so dünn wie möglich ausrollen und mit einer runden Form oder einem Glas Kreise ausstechen, die rundum einen Zentimeter größer sind als die Äpfel. Die Teigstücke auf ein gebuttertes Backblech setzen, mit dem Eigelb bestreichen und ruhen lassen.

Die Apfelhälften werden abgetrocknet und jeweils auf die Teigformen aufgelegt. Im vorgeheizten Backofen bei 250 Grad rund fünf Minuten, dann bei 150 Grad 25 Minuten kunsprig backen.

Sie können sie anschließend servieren. Wenn Sie nicht alle Stückchen gleich verbrauchen, können Sie sie auch kalt servieren. Bereiten Sie aber dafür eine Vanillesoße zu, die Sie mit einem Gläschen Calvados abschmecken, und gießen Sie die Soße über die Apfelküchlein. Anstelle von Vanillesoße schmeckt zur Abwechslung auch süße Sahne.

Ganz einfach, aber edel schmecken diese

Backäpfel

Zutaten:
2 große Äpfel,
3 Teelöffel Butter,
2 Teelöffel Vanillezucker,
2 Teelöffel Aprikosenmarmelade,
2 Eßlöffel Cognac

Zubereitung:
Die Äpfel schälen, Kerngehäuse und Blüte herausschneiden. Eine feuerfeste Form mit einem Löffel Butter ausfetten und den Ofen auf 200 Grad vorheizen. Die Äpfel in diese Form setzen und nacheinander mit jeweils einem Teelöffel Butter, Vanillezucker und einem Eßlöffel Cognac füllen.

Die Form zudecken und auf der Mittelschiene des Ofens eine Viertelstunde garen. Vor dem Servieren noch mit dem eigenen Saft begießen. Anstelle von Cognac können Sie auch Grand Marnier oder Kirschwasser verwenden.

Tips für Apfelkäufer

Zum Kochen und Braten eignen sich am besten Renetten und Boskop. Beide sind ziemlich »harte« Sorten, die bei Ofenhitze auch nicht so schnell wie die anderen Sorten auseinanderfallen. Im Zeitalter der chemischen Anpflanzung empfiehlt es sich, die Äpfel vorher zu schälen; mindestens sie sehr gründlich abzuwaschen. Manche Obsthändler reiben ihre Ware vorher mit Wachstüchern ein, damit sie in der Auslage appetitlich glänzen – dem Geschmack und Ihrem Magen bekommt diese Behandlung aber nicht besonders gut.

Erkundigen Sie sich beim Kauf auch vorher genau, unter welcher Sortenbezeichnung die Äpfel sonst noch im Handel sind – in manchen Gegenden wird der Boskop oder die Renette mit irreführenden Phantasienamen versehen. Renetten können Sie im kühlen Keller einlagern, doch lohnt es sich kaum. Durch Importe gibt es mittlerweile das ganze Jahr über frische Ware – und die schmeckt eindeutig besser als lange gelagerte Äpfel.

Essen mit Gästen

Auch wenn dieses Buch sich ausdrücklich an Pärchen wendet, so kommt es doch oft genug vor, daß man auch für Freunde kochen möchte (oder soll oder muß, wie ich aus eigener Erfahrung weiß). Deswegen stelle ich Ihnen noch ein paar meiner »todsicheren« Massenessen vor. Fürs chinesische Menü brauchen Sie alles in allem einen ganzen Tag für die Vor- und Zubereitungen. Alle anderen Essen dauern mit Einkauf höchstens einen halben Tag. Machen Sie's wie wir: Wir öffnen eine Flasche Wein, legen eine Platte auf und köcheln zu zweit. Das bringt mindestens so viel Vergnügen wie das anschließende Essen mit lieben Freunden.

CHINA-MENÜ FÜR VIER

Ein chinesisches Essen hat es wirklich verdient, in geselliger Runde genossen zu werden.
Da ich vor dem Essen nur einen Reisschnaps anbiete und während des Essens nur grüner Tee gereicht wird, bleiben auch die Tischgespräche länger klar verständlich als bei Menüs mit viel schwerem Burgunder. Natürlich können Sie zum China-Essen Wein anbieten. Aber mit Tee verdaut sich's angenehmer und hinterher kann sich – wer will – am heißen Sake oder Mao Tai schadlos halten. Probieren Sie es einfach einmal aus.
Ich habe hier mein Standard-Menü für vier Personen zusammengestellt, das nicht kompliziert nachzukochen ist und trotzdem den Reiz der China-Küche überträgt. Die verwendeten Gewürze und Zutaten sind inzwischen auch in den einfachsten Tante-Emma-Läden erhältlich.
Denken Sie aber schon vorher daran, daß man sich für ein chinesisches Essen Zeit nehmen muß. Es wird langsam gegessen und nicht – typisch deutsch – geschlungen.

Bei den Chinesen gibt es nur eine Vorspeise. Alles andere wird zusammen aufgetragen, und jeder bedient sich nach Geschmack aus den verschiedenen Schüsseln. Als Beilage gibt es immer Reis.

Schon von der Optik her sehr beeindruckend ist diese Vorspeise:

Soja-Eier

Zutaten:
4 Eier,
½ Tasse dunkle Sojasoße,
1 Stück Zimtstange,
1 Stück Sternanis,
1 Teelöffel Salz,
1 Teelöffel Zucker

Zubereitung:
Die Eier in zehn Minuten hart kochen und abkühlen lassen. Dann die Schale so anklopfen, daß sie überall springt, sich aber nicht ablöst. Die Eier in einen Topf legen, mit Wasser bedecken und sämtliche Gewürze dazugeben.
Eine Stunde auf kleiner Flamme köcheln lassen. Abgekühlt entweder im ganzen oder geschält und halbiert servieren. Diese Vorspeise macht aufs Auge Eindruck: Die Eier sehen nämlich aus wie dunkel marmoriert.

Ebenso lassen sich auch fast alle folgenden Gerichte vorbereiten und warm stellen, ohne zu verkochen.
Das Haupt-Menü beginnt mit Geflügel:

Rotgekochtes Huhn

Zutaten:
1 kleine Zwiebel,
5 Tassen Hühnerbrühe (Würfel),
1 Tasse Sojasoße (mild),
1 Eßlöffel brauner Zucker,
5 Eßlöffel Reiswein,
2 Stück Sternanis,
2 Scheiben Ingwer,
1 Huhn

Zubereitung:
Die Zwiebel in kleine Stücke schneiden. Die Brühe mit allen Zutaten zum Kochen bringen und das Huhn so hineinlegen, daß es bedeckt ist.
15 Minuten kochen lassen, dann vom Herd nehmen und eine Stunde in der Brühe ziehen lassen. Das Huhn in mundgerechte Stücke zerlegen und lauwarm servieren.

Dazu schmeckt folgender Dip:

Süß-sauer-Dip

Zutaten:
6 Eßlöffel von der Hühnerbrühe,
2 Eßlöffel dunkle Sojasoße,
2 Eßlöffel brauner Zucker,
2 Eßlöffel Reisweinessig,
2 Teelöffel Stärke (wenn möglich Pfeilwurzmehl)

Zubereitung:
Bis auf die Stärke alle Zutaten
vermischen, aufkochen, dann
die Stärke unterrühren – eine
Minute köcheln lassen und
lauwarm oder kalt zum Huhn
servieren.

Schweinefleisch mit Chinakohl

Zutaten:
400 g mageres Schweine-
fleisch,
2 Eßlöffel dunkle Sojasoße,
1 Eßlöffel Reiswein,
1 Teelöffel Stärke (Pfeilwurzmehl),
10 Champignons,
250 g Chinakohl,
1 Eßlöffel Stärke (bereits mit
einer Tasse kaltem Wasser angerührt),
ca. ¼ l Erdnußöl,

2 Eßlöffel feingehackte
weiße Zwiebeln,
1 Teelöffel grüner Pfeffer
(aus der Dose),
2 Eßlöffel Reiswein,
1 Teelöffel Sesamöl,
Salz, Pfeffer, Zucker

Zubereitung:
Das Fleisch in feine Scheib-
chen schneiden und mit der
Sojasoße, dem Eßlöffel Reiswein und der Stärke vermischen. Eine Stunde stehen-
lassen. Die Champignons in
Scheiben und den Kohl in kurze Streifen schneiden und
beides in der Stärkebrühe
schwenken und dann abtropfen lassen.
Das Fleisch im schwimmen-
den heißen Öl eine Minute fri-
tieren, herausnehmen und abtropfen lassen.
Einen Eßlöffel von dem Öl in
der Pfanne erhitzen, Zwiebeln
und grünen Pfeffer
kurz anbraten, die Kohl-Pilz-
Mischung bei mittlerer Hitze
zwei Minuten braten und etwas
salzen.
Das Schweinefleisch dazugeben und eine weitere Minute
braten. Zwei Eßlöffel Reiswein
und das Sesamöl darüber verteilen und mit Salz, Pfeffer und
Zucker abschmecken. Warm
stellen oder am besten gleich
servieren.

168

Eine ungewöhnliche Delikatesse sind chinesisch zubereitete Schweinenieren. Sie müssen allerdings frisch gekocht auf den Tisch. Man kann alles so weit vorbereiten, daß man nach dem Genießen der Vorspeise nur noch drei Minuten am Herd zur »Endfertigung« benötigt. Es ist übrigens auch ein ideales Einzelgericht, das gut zu gebratenen Eiernudeln paßt – oder zu Reis:

Schweinenieren Szetschuan

Zutaten:
4 Schweinenieren,
Salz, Pfeffer,
1 Eßlöffel Reiswein,
20 g eingeweichte getrocknete Steinpilze oder chinesische schwarze Pilze,
1 Eßlöffel Stärke,
4 Eßlöffel Öl,
1 Eßlöffel gehackte Zwiebeln,
1 Teelöffel Ingwer, gerieben,
1 feingehackte Knoblauchzehe,
1 Tasse Bambussprossen-Scheiben (aus der Dose)

Für die Soße:
2 Eßlöffel milde Sojasoße,
1 Eßlöffel Reiswein,
1 Teelöffel Zucker,
1 Eßlöffel Obstessig
½ Teelöffel schwarzer Pfeffer,
2 Teelöffel Stärke, mit Wasser

angerührt (und eventuell Chiligewürz, wenn Sie und Ihre Gäste es sehr scharf mögen)

Zubereitung:
Die gereinigten Nieren oben kreuzweise einschneiden und salzen. Dann mit Wasser abspülen, längs halbieren, dann quer in Scheiben schneiden und mit kochendem Wasser übergießen. Nach fünf Minuten herausnehmen und abtropfen lassen. Die Nieren salzen, pfeffern und mit Reiswein vermischen. Die Pilze in Streifen schneiden und den Einweichsaft aufheben. Die Nieren jetzt mit dem Stärkepulver bestreuen, so daß sie gleichmäßig bedeckt sind. Zwei Eßlöffel Öl erhitzen und die Nieren eine Minute lang braten – auf Mittelhitze. Aus der Pfanne nehmen. Das restliche Öl erhitzen, Zwiebeln, Ingwer und Knoblauch kurz anbraten, Bambussprossen und Pilze zugeben und eine Minute braten. Eine halbe Tasse Pilzbrühe, dann die Nieren dazugeben und zum Schluß alles mit der vorher verrührten Soße begießen. So lange kochen, bis eine dickliche Masse entsteht, und sofort servieren. Wenn Sie das Gericht lange warm halten, werden die Nieren hart.

Pikant scharfe Krabben

Zutaten:
500 g Krabben,
3 Pfefferschoten (rot),
5 dünne Scheiben Ingwer,
3 Eßlöffel Öl,
½ Tasse Dosenerbsen,
1 Eßlöffel Reiswein,
½ Teelöffel Stärke, mit drei
Eßlöffeln Wasser angerührt,
Salz, Pfeffer

Zubereitung:
Die Krabben (oder kleine
Shrimps) reinigen. Pfefferschoten in kleine Stücke
schneiden, mit Krabben und
Ingwerscheiben mischen und
drei Stunden im Kühlschrank
ziehen lassen. Herausnehmen
und den Ingwer in möglichst
kleine Stücke schneiden. Öl in
der Pfanne erhitzen, Ingwer
und Pfefferschoten kurz anbraten, Hitze reduzieren und
nacheinander die Krabben
und die Erbsen untermischen.
Reiswein mit der Stärke vermischen und ebenfalls über
die Zutaten gießen. Mit Salz
und Pfeffer abschmecken,
warm stellen.

Vier Hauptspeisen – wie hier
beschrieben – reichen vollkommen aus. Doch die Chinesen wollen nie ihr Gesicht als
Gastgeber verlieren (ich auch
nicht) und servieren deswegen die Suppe immer zum
Schluß. Denn sollten die Gäste nicht satt geworden sein,
dann kann man die Brühe immer noch verlängern. Kluger-
weise nimmt man in unserem
Fall den übriggebliebenen
Sud vom rotgekochten Huhn.
In diesen kommt die vorher
zubereitete Einlage:

Chinesische Fischklößchen

Zutaten:
250 g Fischfilet
(beliebige Sorte),
1 Teelöffel geriebener Ingwer,
1 feingehackte Knoblauchzehe,
1 Eßlöffel feingehackte
Zwiebeln,
3 Eßlöffel Reiswein,
1 Eiweiß,
1 Eßlöffel Maisstärke,
1 Eßlöffel Schweineschmalz,
je eine Prise Salz, Zucker,
weißer Pfeffer,
die Brühe vom rotgekochten
Huhn

Zubereitung:
Den Fisch fein hacken. Mit
sämtlichen Zutaten vermi-
schen, und den Teig eine halbe Stunde im Kühlschrank
aufbewahren. Danach mit ei-

nem nassen Löffel kleine Stücke abstechen, rund formen und in einen Kochtopf mit kaltem Wasser geben; langsam zum Kochen bringen, bis die Klößchen oben schwimmen. Mit einem Schaumlöffel herausnehmen, und die Klößchen in kaltes Wasser legen, damit sie nicht zusammenkleben.

Die Brühe erhitzen, die Klößchen hineingeben und zwei Minuten später servieren. Sie können in der Brühe ohne weiteres auch noch übriggebliebenes Gemüse (von der Zubereitung der Hauptgerichte) kleingeschnitten mitkochen. Verlängern läßt sich die Suppe im Notfall mit Hühnerbrühwürfeln oder -paste.

Anstelle der Sojaeier können Sie auch das Zwiebelgemüse als Vorspeise reichen, das ebensogut zu Lammfleisch schmeckt:

Zimt-Zwiebeln

Zutaten:
500 g kleine weiße Zwiebeln (Schalotten),
2 Eßlöffel Öl,
Salz,
50 g brauner Kandiszucker,

¼ l Rotwein,
5 Eßlöffel Rotweinessig,
2 Eßlöffel Tomatenmark,
2 Teelöffel Zimt,
Cayennepfeffer nach Belieben

Zubereitung:
Zwiebeln vorsichtig schälen, ohne daß sie hinterher zu sehr auseinanderfallen und in einer Pfanne im Öl bei milder Hitze glasig dünsten. Salzen und dann den Zucker darübergeben und schmelzen lassen. Rotwein, Essig und Tomatenmark mischen, über die Zwiebeln gießen und verrühren. Alles einmal aufkochen lassen und dann mit Zimt und Cayennepfeffer würzen. Einen Deckel auf die Pfanne setzen und die Zwiebeln rund 30 Minuten unter gelegentlichem Umrühren köcheln lassen. Den Deckel wieder abnehmen und alles so lange auf kleiner Flamme weiterköcheln lassen, bis die Zwiebeln in einem dikken Sirup schwimmen. Zur Seite stellen und abkühlen lassen.

Süße Desserts in unserem Sinne kennen die Chinesen kaum. Kaufen Sie lieber im Feinkostgeschäft eine Flasche Mao Tai, ein Hirseschnaps, der es allerdings in sich hat.

FLEISCHFONDUE
(siehe Foto rechts)

Wir lieben das Fleischfondue nur auf die chinesische Art. Das heißt, wir nehmen kein Öl, sondern eine Fleischbrühe (siehe Rezept Seite 26). Vom Metzger lassen wir uns Rinderlende in hauchdünne Scheiben schneiden und flehen ihn an, den schmalen Fettrand dranzulassen, da er den Geschmack entscheidend beeinflußt. Wer ihn nicht mag, kann ihn sich abschneiden, nachdem (!) das Fleisch gebrüht wurde. Pro Person sind 200 Gramm ausreichend. Der Höhepunkt des Ganzen kommt zum Schluß – da erhält jeder eine Tasse dieser intensiven wirklichen Fleisch-Brühe mit einem Schuß trockenen Sherry veredelt.

Bei den Soßen lassen wir unsere Phantasie spielen und experimentieren. Allerdings haben wir erfolgreiche Standard-Dips:

Chinesen-Dip

Sechs Eßlöffel Mayonnaise mit einem Eßlöffel Sojasoße, einem feingeschnittenen gekochten Ei und einer Messerspitze geriebenem Ingwer vermischen. Mit süßem Paprika abschmecken.

Walnuß-Dip

Ein kleiner Becher Joghurt mit einem Eßlöffel Honig und 50 Gramm geriebenen Walnüssen und etwas Cayennepfeffer vermengen.

Remoulade

Sechs Eßlöffel Mayonnaise, ein feingeschnittenes hartgekochtes Ei, eine gewürfelte Gewürzgurke, frische Kräuter der Saison (zumindest Schnittlauch), Salz, Pfeffer und einen Teelöffel Senf vermischen.

Fleischfondue

Teufelssoße

Ein viertel Liter geschlagene süße Sahne wird mit einem Eßlöffel Johannisbeergelee und einer Messerspitze Cayennepfeffer vermengt.

Käse-Knoblauch-Dip

Zwei Knoblauchzehen durchpressen, mit zehn Eßlöffeln Mayonnaise und zwei Eßlöffeln geriebenem Parmesankäse gründlich zusammenrühren.

Roquefort-Dip

150 g Roquefort-Käse mit der Gabel zerdrücken und mit 8 Eßlöffeln Öl zu einer Creme verrühren. Mit 3 Eßlöffeln Weinessig und Pfeffer abschmecken.

Dazu gibt es einen trockenen Wein und Baguette. Und immer angeregte Gespräche, da man ein Fondue jederzeit unterbrechen kann. Zum Beispiel für eine Zigarettenpause. Oder einen Kuß. Oder mehrere. Dann sollten Sie dieses Fondue aber doch nur für zwei zubereiten …

ZUM SCHLUSS NOCH ZWEI EINTÖPFE FÜR KLEINE PARTYS

Bigos

Zutaten für acht bis zehn Personen:
500 g durchwachsener Speck,
500 g mageres Schweine-
fleisch,
250 g Zwiebeln,
100 g Margarine,
500 g Weißkohl,
250 g geräucherte Mettwürste
(oder Kabanossi),
250 g Pfifferlinge
(aus der Dose),
Salz, schwarzer Pfeffer,
2 Knoblauchzehen,
½ Teelöffel Kümmel,
½ Teelöffel Majoran,
1 Teelöffel Paprika edelsüß,
100 g Tomatenmark

Zubereitung:
Den Speck grob würfeln. Das Schweinefleisch erst waschen, dann mit Küchentuch oder Haushaltspapier abtrocknen und würfeln. Zwiebeln grob hacken. Die Margarine in einem Topf erhitzen, Speck, Fleisch und Zwiebeln hinein-geben und rundherum an-braten. Bei kleiner Flamme schmoren lassen. Den Weiß-kohl putzen, waschen und in kleine Würfel schneiden. Zum Fleisch geben. Ebenso die in Scheiben geschnittene Wurst und die abgetropften Pfiffer-linge. In einem Mörser Salz, Pfeffer, Knoblauchzehen, Kümmel, Majoran, Paprika und Tomatenmark »zerman-schen« und in den Topf geben. So viel Wasser drübergießen, daß die Zutaten gerade be-deckt sind. Deckel drauf und den Topf im Backofen 100 Mi-nuten bei 200 Grad brodeln lassen.

Bigos gehört zu den Eintöp-fen, die beim zweiten Aufko-chen noch besser schmecken. Deswegen ist er für solche Partys ideal: Sie können ihn vorher zubereiten und für Ihre Gäste noch einmal aufwär-men.

Wenn es Ihnen nicht zu viel Arbeit ist, können Sie noch Topinki dazu anbieten. Dazu müssen Sie Graubrot kräftig toasten und mit Gänse-schmalz und ausgedrückten Knoblauchzehen bestreichen. Oder Sie schieben die unge-toasteten bestrichenen Brote auf einem Blech 5 Minuten in den 250 Grad heißen Ofen.

Borschtsch

Zutaten für acht bis zehn Personen:

1 große Ente,
1 Eßlöffel Öl,
700 g mageres Schweinefleisch vom Rind,
1 Kräuterstrauß aus 10 Stengeln Petersilie, 2 Thymianzweigen, 1 Lorbeerblatt,
700 g Möhren,
500 g Sellerie (ganze Knolle),
1 kg Lauch,
500 g Fenchelknollen,
2 rote Beten (frisch, nicht aus dem Glas),
1 Zwiebel,
2 Gewürznelken,
Salz, 10 Pfefferkörner,
2 vollreife Tomaten,
2 Knoblauchzehen,
ca. ¾ l saure Sahne
(oder ½ l Crème fraîche)

Zubereitung:
Die Ente ausnehmen, Flügel und Füße abschneiden, den Hals und alle Fettpartien entfernen. Leber, Herz und Magen putzen. Alle »Abfälle« in dem Entenfett und dem Öl schnell anbraten. Danach werden sie in einem großen Topf zusammen mit dem Suppenfleisch in drei Liter kaltem Wasser aufgesetzt und zum Kochen gebracht. Die Ente im 250 Grad heißen Ofen über-

bräunen, aber nicht garen. Nach dem ersten Aufkochen die Suppe abschäumen und entfetten. Die Ente einlegen und den Kräuterstrauß dazugeben sowie zwei große Möhren, die Hälfte des Selleries, zwei zusammengebundene Lauchstangen, eine Fenchelknolle, eine geschälte rote Bete, die mit Gewürznelken gespickte Zwiebel, einen Eßlöffel Salz, die Pfefferkörner, die beiden geviertelten Tomaten und die geschälten Knoblauchzehen. Zwei Stunden köcheln lassen, ab und zu abschäumen, nach der Hälfte der Kochzeit den Topf zudekken. In der Zwischenzeit bereiten Sie das Gemüse vor: Die zweite rote Bete im Ofen zwei Stunden bei 160 Grad bakken, schälen, dann in Scheiben und Streifen schneiden. Möhren, Sellerie, Lauch und Fenchel ebenfalls in Streifen schneiden und jedes Gemüse für sich jeweils fünf Minuten in sprudelndes Salzwasser geben (blanchieren). Dann mit kaltem Wasser abschrekken.
Die gare Ente sauber auslösen, Knochen, Haut und Fettpartien entfernen. Das Rindfleisch in große Würfel schneiden. Die Brühe durch ein Sieb geben und noch ein-

mal durch ein Tuch passieren (durchgießen). Eventuell mit Salz abschmecken. In die Brühe Möhren, Sellerie, Lauch und Fenchel sowie die Fleischwürfel geben. Aufkochen lassen. Dann, direkt vorm Servieren, die Rote-Bete-Streifen hineingeben. Der Sauerrahm kommt erst am Tisch in die Suppe. Nach diesem Festmahl weiß jeder, daß Sie kochen können.

Der ideale Wein

Wir haben über dieses Thema mit Freunden und Kollegen schon oft und meistens ergebnislos diskutiert. Welcher Wein zu welchem Essen – darüber gibt es viele Bücher, die aber alle vom Standpunkt des persönlichen Geschmacks aus verfaßt wurden. Ich mag nur trockene Weine – aus Baden, Italien, der Schweiz, Frankreich. Ich liebe weiße, rote und Rosés. Man muß Weine immer wieder probieren und ausprobieren. Bei Händlern oder direkt im Keller eines Weinguts. Dort habe ich auch schon sehr gute, relativ süße Weine genossen – aber trotzdem nicht gekauft. Wenn Sie für einen geliebten Menschen kochen, dann servieren Sie den Wein, den Sie persönlich mögen. Kommt der Wein nicht so gut an wie Ihr Essen, dann wird es Ihnen ein ehrlicher Mensch auch sagen. Und beim nächsten Mal suchen Sie den Wein gemeinsam aus.

Auch bei den sogenannten Aperitifs vorm Essen gibt es keine allgemeingültigen Getränkeempfehlungen. In Italien gibt es in vielen Restaurants einen Campari mit Soda und Orangensaft. Dort schmeckt mir das auch. Zuhause bekam ich dagegen das Gefühl, mir meine Geschmacksnerven für das Essen total ruiniert zu haben.

In Frankreich und auch bei uns ist der Kir in den letzten Jahren sehr populär geworden. Das ist eiskalter trockener Weißwein mit Cassis, einem Johannisbeerlikör. Cassis mit Champagner nennt sich Kir Royale – beides sind feine Aperitifs. Aber wenn sie nicht sorgfältig gemischt wurden, sind sie so süß, daß man glaubt, mit dem Dessert angefangen zu haben.

Wenn Sie ein Menü so richtig schön zelebrieren wollen, dann bieten Sie zum Anfang ein kleines Glas trockenen Sherry oder ein Glas trockenen Champagner oder Sekt an. Kaufen Sie nicht unbedingt den teuersten Champagner, denn bei den etablierten Marken bezahlen Sie die Werbung und den Ruhm mit. Es gibt französische Sektsorten, die um vieles preiswerter und besser sind, als die Gewächse der Champagne. Oder probieren Sie einmal die badischen und rheingauischen Rieslingsekte – für die lasse ich sowieso die meisten Champagner stehen. Solche

Erfahrungen muß man langsam sammeln und so seinen Geschmack entwickeln. Ich war einmal zu einem Essen eingeladen, zu dem ein staubtrockener Chablis serviert wurde. Der Gastgeber hatte es gut gemeint und verkündete auch verschämt, daß er für die Flasche fünfzehn Mark gezahlt habe, weil das nun einmal ein berühmter teurer Wein sei. Nun, es war trotzdem eine Massenabfüllung für ein Kaufhaus, und man hätte höchstens Gurken darin einlegen können. (Die wirklich guten Chablis kosten viel mehr.) Er war auch dem Gastgeber zu trocken, doch gab er das erst einen Monat später zu. Deswegen soll man zu einem Essen keinen Extra-Wein kaufen, sondern einen, den man bereits einmal getrunken hat und der geschmeckt hat. Und welche Farbe zu welchen Speisen? Da lasse ich einen Experten sprechen.

Raymond Oliver, einer der berühmtesten Köche Frankreichs, hat für einen Drei-Sterne-Koch herzerfrischende Ansichten:

»Mit verbundenen Augen kann man die Farbe eines Weines nicht herausschmecken; es gibt also keinerlei Grund, warum man nicht Rotwein zu Fisch trinken soll. Von den ganz alten, edlen, teuren Weinen abgesehen, bin ich der Meinung: Wein ist zum Trinken da und soll den Durst löschen. Wenn zwei Verliebte einen Wein miteinander trinken, dann ist das nicht dasselbe, als wenn er von ein paar Kumpeln aus der Militärzeit geteilt wird. Und ein Wein wird noch besser, wenn das Diner gelungen ist und die beiden Verliebten glücklich sind. Auf die Harmonie kommt es doch vor allem an!«

Und die wünschen wir jedem, der nach diesem Buch seine ersten Küchen-Versuche unternimmt. So kommt man bald zu seinem ersten: Küchen-Küßchen.

Axel: Macht Sauerbraten lustig?

Diese Frage stand einmal im Raum, beziehungsweise, genauer gesagt, auf dem Tisch. Wie äußert man gegenüber einem Koch Kritik? Ich bin durch eine harte Schule gegangen ...

Bei meiner Mutter war das alles sehr demokratisch geregelt. Wenn mir oder meinen Geschwistern etwas nicht schmeckte, dann wurde das offen ausgesprochen.

»Mami, du weißt doch, daß ich Kartoffelsuppe auf den Tod nicht ausstehen kann!« Das war eine klare und deutliche Kritik. Daraufhin sprach die liebe Mutter: »Erstens ist das Papis Lieblingsessen, und zweitens wird gegessen, was auf den Tisch kommt. Extrawürste gibt es nicht.«

Und der liebe, liberale Papi ergänzte: »Ich bin für Kritik jederzeit empfänglich. Aber solange du deine Füße unter meinem Tisch ausstreckst, wirst du essen, was du kriegst. Außerdem schmeckt Kartoffelsuppe sehr gut.« Das weiß ich inzwischen. Allerdings habe ich viel bessere Zubereitungen kennengelernt, als die damaligen Mehlschwitzeintöpfe.

Das Essen bei der Bundeswehr ist, wie wohl bei allen Armeen der Welt, erst für die jetzt heranwachsende Generation ein Genuß, da diese ihre Geschmacksnerven und Magenwände bereits im Vorschulalter bei McDonalds gestählt haben. Für mich galt der Wehrdienst jedenfalls jahrelang als die erfolgreichste Diätmethode der Welt. Kritik am Essen war zwar gestattet, aber erfolglos.

In den Jahren, in denen meine Ernährung hauptsächlich aus Pils und fleischähnlichen flachen Klopsen bestand, gab es für mich die wenigsten Schwierigkeiten. Waren die Dinger steinhart, dann wurden sie mit dem Bier aufgeweicht. Gewürz-Mißerfolge kochender Wirte egalisierte ich mit großen Senf-Mengen. Und wechselte irgendwann die Kneipe. Ähnlich lief es ab, als ich mir finanziell den Besuch jener Gaststätten leisten konnte, auf deren Türen ein Schild mit der meist berechtigten Drohung prangte: »Hier kocht der Wirt.« Dort lernte ich alle Varianten von zähen Schweineschnitzeln kennen – versteckt unter Dosenchampignons, Konserven-Paprika oder Tütensoßen à la

Französischer Revolution (»Gleichheit für alle«). Die Freiheit der Kritik wird in solchen Läden unterschiedlich abgewürgt. Entweder murrt die Kellnerin: »Sie sind der erste, dem das nicht schmeckt.« Oder der Wirt kommt persönlich aus der Küche und droht freundlich: »Sie sollten einmal meine anderen Schnitzel probieren ...«

Eine Lehre zog ich aus jener Zeit: Ich speise nie mehr in Lokalen, wo ich die Kellnerin selbst nur ein Wurstbrot essen sehe oder wo zu der Gaststätte ein fetter Hund gehört, der mit zurückgegangenem Fleisch gemästet wurde. Aufwärts ging es mit mir erst, als ich meine Christel kennenlernte. Sie machte mich mit der Welt der feinen Küche und der hohen Rechnungen vertraut. Und lehrte mich dort die hohe Kunst der subtilen Kritik.

Vor allem in Restaurants, wo sie mit den Köchen oder den kochenden Besitzern befreundet ist. Fragen die später, wie es uns gemundet habe, beginnt eine feinsinnige Drumherumrederei, die mich zum Glas greifen läßt.

»Die Suppe war von etwas zu kräftiger Konsistenz.«

Hätte ich sie gekocht, wäre der Kommentar: »Total versalzen« gewesen.

»Man merkt, daß die Saison der Alaska-Lachse sich dem Ende zuneigt.«

Der Fisch war schlicht trockener als der Wein.

»Jamaika-Rum hat ein sehr ausgeprägtes Aroma.«

Das Dessert war im Alkohol ersoffen.

Inzwischen beherrsche ich auch schon einige dieser Wort-Hülsenfrüchte, auch wenn ich beim Aussprechen innere Blähungen bekomme. Auf den Gipfel trieb mich dann ein gemeinsames Restaurant-Essen mit einem sogenannten Freß-Kritiker, der sich nebenberuflich als Satiriker beschäftigt. Der Mann ist selbst eine lebende Satire. Bei jedem Gang erklärte er nörgelnd, wo in Paris oder Lyon er das alles schon viel besser bekommen habe. Als zum Schluß der leicht nervöse Starkoch an den Tisch kam, um das Kritiker-Urteil entgegenzunehmen, sprach dieser: »Meister, es war einfach überwältigend.«

Nachdem ich mich später einigermaßen beruhigt hatte, fragte ich sauer: »Warum haben Sie dem die Hucke vollgelogen?« Während mich unterm Tisch ein warnender Tritt von Christel traf, erklärte er süffisant: »Ich werde ihm meine Kritik unter vier

Augen mitteilen.« Das fand ich sogar fair, bis er hinzufügte: »Für meine Leser ist dieses Restaurant auch gut genug, die verstehen nichts von wirklich feiner Küche.«

Der hat vor lauter Kritikerdasein die Freude am Essen längst verloren.

Die ist mir aber wichtiger als die eigentlichen Speisen. Mit guten Freunden oder interessanten Menschen am Tisch zu sitzen und gemeinsam die Teller und Gläser zu leeren, ist für mich ein Vergnügen. Da kann auch das Essen ruhig einmal nicht meinen Erwartungen entsprechen, die Harmonie ist wichtiger – ob man zu zweit oder zu mehreren ißt.

Auch Christel ist da meiner Meinung: »An einen Profikoch stelle ich höhere Ansprüche. Aber wer aus Freude kocht, um dem Partner oder guten Bekannten einen schönen Abend zu bereiten, sollte nicht kritisch begutachtet werden. Der verdient Lob und Liebe.«

Nur einmal wich sie von diesem Grundsatz ab. Wir wurden von einer richtigen Dame zum Essen eingeladen, mit der Christel beruflich zu tun hat. Das merkte ich daran, daß sie meiner Herzensdame vorher dezent den Rat gab, mich für den Abend mit Sacco und Krawatte auszustatten. Dieses Opfer nahm ich nur auf mich, weil mir als Hauptgang ein Sauerbraten versprochen war.

Wir saßen stocksteif in einem Antiquitäten-Eßzimmer, nippten an einem teuren, aber korkigen Wein, unterhielten uns nicht, sondern machten Konversation. Über die Preise der diversen Silbernippes-Sachen im Raum und den Perserteppich zu unseren Füßen. Eine absurde Lust, den Rotwein über das teure Stück zu gießen, ließ meine Hände zittern. Dazu kam das Vibrato in meinem Magen, als endlich das Essen aufgetragen wurde. Ein faseriger schlaffer Sauerbraten und mehlig verkochte Spätzle sollten von uns verspeist werden. Nach den ersten Bissen gab es einen Blickkontakt zwischen Christel und mir. Ich sah die Absicht in ihren funkelnden Augen, war aber schneller: ich erzählte von meiner seit Tagen andauernden Magenverstimmung und wurde so gerettet ...

Auf dem Heimweg fragte ich sie feixend: »Lob und Liebe für Hobbyköche? Das funktioniert nicht immer, stimmt's?« Sie seufzte zustimmend: »Manchmal gibt es Reinfälle. Aber die will ich

nicht verallgemeinern. Jedenfalls koche ich für uns zwei nächstes Wochenende einen richtigen Sauerbraten mit Klößen.«
So klappt das eben bei uns – sie bekommt das Lob, und ich die Liebe – und umgekehrt.

Anhang für Hobbyköche

Wenn Sie Lust haben, öfter zu kochen und mehr darüber zu erfahren, dann brauchen Sie Lektüre. Ich muß Sie aber sanft vorwarnen: Die meisten Bücher enthalten nur Rezepte für mindestens vier Personen. Da heißt es rechnen, aufpassen und probieren.

Ideal für Ungeübte und Anfänger:

Die Monatszeitschrift »Essen & Trinken« und die Sonderhefte der Zeitschrift »Meine Familie & ich«

An Kochbüchern:

»Das ist Kochen« (Gräfe und Unzer Verlag). Ein sehr gutes Standardwerk

»Die Kunst des Kochens« (Time/Life-Verlag). Alle Bände sind hervorragend geschrieben, um Kochmethoden zu erlernen. Nur die Rezepte sind manchmal oberflächlich und ungenau.

»Die Neue Alte Küche« (Stern-Verlag). Darin findet jeder mindestens ein Lieblingsessen wieder.

Für Fortgeschrittene:

Alle Taschenbücher (Heyne-Verlag) von Bernd Neuner-Duttenhofer – der vermittelt Freude am Kochen und am Essen. Ebenso die von ihm übersetzten zwei Paul-Bocuse-Kochbücher (Heyne-Verlag und Econ-Verlag)

»Feine Deutsche Küche« (Mosaik-Verlag) von Rudolf Katzenberger – lauter Festessen.

Spezialgebiete:

»Aus Italiens Küchen« (Hallwag-Verlag) von Marianne Kaltenbach und Virginia Cerabolini – das mit Abstand beste Italien-Kochbuch in deutscher Sprache.

»Meisterküche im Elsaß – Die Auberge de l'Ill« (Econ-Verlag) von Paul und Jean-Pierre Haeberlin. Mein Lieblingskochbuch von den Besitzern meines Lieblingsrestaurants.

»Das große Buch der Salate« (Gräfe und Unzer) von Ulrich Klever gesammelt. Das »sättigt« jahrelang.

»Das Mosaik Kräuterbuch« (Mosaik-Verlag). Alles über den Anbau und die Verwendungsmöglichkeiten frischer Kräuter – sehr informativ.

»Das große Buch der Fondues« (Gräfe und Unzer). Fondues sind die idealen Essen für Verliebte – und dafür gibt's viele Variationen.

Und wenn Sie etwas mehr über Wein wissen wollen, dann gibt es nur ein Standardwerk: »Das Wein-Lexikon von Frank Schoomaker« (Krüger-Verlag)

Rezept-Register

Band 2124
128 Seiten
ISBN 3-426-02124-2

Über dieses Buch spricht die ganze Welt. *So sagten*

die Frau des Autors:
»Dies ist ein ganz hinterhältiges Buch. Angeblich handelt
es von Liebe – aber ich kenne ihn, er meint nur Sex. Aber
ehrlich gesagt, bei letzterem ist er längst nicht so komisch
wie beim Schreiben!«

die Freunde des Autors:
(sind nach Erscheinen dieses Buches unbekannt verzo-
gen).

der Verleger des Autors:
»Er ist das witzigste, komischste und albernste Talent in
unserem Verlag. Das hat er mir selber gesagt…«

Humor

Taschenbücher

Knaur®
Humor

Christine und David Rau

Hallo Bello, hallo Bella

Mit Illustrationen von Monika Mast

Originalausgabe

Band 2134
96 Seiten
ISBN 3-426-02134-X

Endlich ist es gelungen, die bestgehüteten Geheimnisse unserer vierbeinigen Lieblinge zu lüften. Hier erfahren Sie, welche komischen Probleme die Hunde in Wahrheit beschäftigen, wenn sie ein kräftiges »Wuff« ausstoßen, nervtötend winseln oder abweisend ein Bein heben. Sie dürfen darüber lachen. Aber lassen Sie sich dabei nicht von Ihren Hunden erwischen. Sie reagieren empfindlich, wenn sie ausgelacht werden, und sind dann im wahrsten Sinne des Wortes »bissig«, wie Bello und Bella ...